300 tests
LUXEMBOURGEOIS

Jackie MESSERICH

Module 1
LES BASES

Focus — Salutations *(Moien, Mëtteg, Owend, Dag)*

Complétez les phrases suivantes avec la forme de salutation qui convient.

Corrigé page 10

1. _____ Moien!
   - **A** Gudden
   - **B** Gudde
   - **C** Gutt
   - **D** Gutten

2. _____ Mëtteg!
   - **A** Schéin
   - **B** Schéi
   - **C** Schéine
   - **D** Schéinen

3. _____ Owend!
   - **A** Gudde
   - **B** Gudden
   - **C** Gutt
   - **D** Gutte

4. _____ Dag!
   - **A** Schéinen
   - **B** Schéin
   - **C** Schéine
   - **D** Schéint

Focus — Salutations suivant l'occasion

Trouvez la bonne réponse.

1. Il est 7 heures du matin. Vous dites :
   - **A** Gudde Moien
   - **B** Gudde Virmëtteg
   - **C** Gutt Nuecht
   - **D** Gutt Moien

2. Pour prendre congé, on peut dire :
   - **A** Gudden Owend
   - **B** Gutt Nuecht
   - **C** Gudde Moien
   - **D** Gudde Mëtteg

3. Trouvez l'intrus.
   - **A** Moien
   - **B** Bonjour
   - **C** Salut
   - **D** Äddi

4. Complétez la salutation suivante : Äddi, bis _____ !
   - **A** moies
   - **B** mëttes
   - **C** owes
   - **D** muer

Astuce 1 En principe, on écrit le **-n** final seulement si on l'entend. Le **-n** final reste si le mot qui suit commence par une voyelle (a, e, i, o, u, ä, ë, ö, ü) ou par les consonnes d, t, z, n, h. Elle peut rester dans certains cas si la lettre qui suit est c, j, y (cela dépend de la prononciation de ces lettres).

Astuce 2 Les adjectifs qui précèdent les noms s'accordent en genre et en nombre.

Module 1
LES BASES

Focus S'enquérir de l'état de quelqu'un

Trouvez la bonne réponse.

Corrigé page 10

1. Moien, wéi _____?
   - **A** gees du
   - **B** geet et
   - **C** gitt Dir
   - **D** geet lech

2. Merci, et _____.
   - **A** geet gutt
   - **B** gees gutt
   - **C** gutt geet
   - **D** geet net

3. Trouvez l'intrus.
   - **A** Et geet gutt
   - **B** Et geet tipptopp
   - **C** Et geet schlecht
   - **D** Et geet super

4. Trouvez une alternative pour **Wéi geet et?**.
   - **A** Wéi huet et?
   - **B** Wéi ass et?
   - **C** Wéi bass du?

Focus Le prénom et son article

Complétez les phrases suivantes avec l'article qui convient.

1. Dat ass _____ Magali.
   - **A** den
   - **B** de
   - **C** d'

2. Dat ass _____ Pierre.
   - **A** den
   - **B** de
   - **C** d'

3. Dat ass _____ Jos.
   - **A** den
   - **B** de
   - **C** d'

4. Dat ass _____ Alexander.
   - **A** den
   - **B** de
   - **C** d'

5. Dat ass _____ Marie.
   - **A** den
   - **B** de
   - **C** d'

6. Dat ass _____ Carine.
   - **A** de
   - **B** d'
   - **C** den

Module 1
LES BASES

Complétez les phrases suivantes.

1. Hien heescht _____.
   - **A** de Paul
   - **B** d'Paul
   - **C** den Paul
   - **D** Paul

2. Hatt ass _____.
   - **A** d'Isabelle
   - **B** den Isabelle
   - **C** de Isabelle
   - **D** Isabelle

3. Si heescht _____.
   - **A** de Clara
   - **B** den Clara
   - **C** d'Clara
   - **D** Clara

4. Mäin Numm ass _____.
   - **A** den Kim
   - **B** d'Kim
   - **C** Kim
   - **D** de Kim

5. _____ wunnt zu Lëtzebuerg.
   - **A** D'Michel
   - **B** D'Michelle
   - **C** Den Michèle
   - **D** Michel

Astuce Le prénom est toujours précédé d'un article défini, **den** ou **de** pour les prénoms masculins (suivant la règle du **-n**), **d'** pour les prénoms féminins, sauf dans les phrases **« Mäin (däin, …) Numm ass … »** et **« Ech heeschen … »**.

Complétez les phrases suivantes.

1. _____ Claude.
   - **A** Mäin Numm ass
   - **B** Dat ass
   - **C** Ech sinn

2. _____ d'Josiane.
   - **A** Ech heeschen
   - **B** Ech heesche
   - **C** Ech sinn

3. _____ de Jacques.
   - **A** Ech heeschen
   - **B** Dat heescht
   - **C** Dat ass

4. _____ Florence.
   - **A** Dat ass
   - **B** Hatt heescht
   - **C** Ech sinn

Module 1
LES BASES

Trouvez l'équivalent correct des phrases données.

1. Mäi Virnumm ass Leo.
   - **A** Ech heesche Leo.
   - **B** Dat ass de Leo.
   - **C** Ech si Leo.

2. Hatt ass d'Anna Weber.
   - **A** Hatt heescht d'Anna.
   - **B** D'Anna heescht Weber.
   - **C** Säin Numm ass Anna Weber.

3. Mäi Familljennumm ass Laurent.
   - **A** Ech heesche Laurent mam Familljennumm.
   - **B** Ech heesche Laurent mam Virnumm.
   - **C** Ech sinn de Laurent.

4. Dat ass de Pierrre.
   - **A** Hien heescht de Pierre.
   - **B** Hien heescht Pierre.
   - **C** Säin Numm ass de Pierre.

Focus Quelques questions-clés

Complétez les phrases suivantes avec le pronom interrogatif qui convient.

1. _____ heescht Dir?
   - **A** Wou
   - **B** Wat
   - **C** Wéi

2. _____ wunnt Dir?
   - **A** Wat
   - **B** Wou
   - **C** Wat fir

3. _____ kommt Dir?
   - **A** Wou
   - **B** Vu wou
   - **C** Wat

Module 1
LES BASES

Corrigé page 10

4. _____ Sprooche schwätzt Dir?
   - **A** Wéi
   - **B** Wat fir
   - **C** Wat

5. _____ ass Ären Numm?
   - **A** Wou
   - **B** Wéi
   - **C** Wat

6. _____ geet et Iech? Gutt, Merci.
   - **A** Wéi
   - **B** Firwat
   - **C** Wéini

Complétez les phrases suivantes avec le verbe qui convient.

1. Vu wou _____ Dir?
   - **A** schwätzt
   - **B** kommt
   - **C** heescht

2. Wou _____ Dir?
   - **A** heescht
   - **B** geet
   - **C** wunnt

3. Wéi _____ Dir?
   - **A** ass
   - **B** kommt
   - **C** heescht

4. Wéi _____ et Iech?
   - **A** wunnt
   - **B** heescht
   - **C** geet

5. Wéi _____ Ären Numm?
   - **A** geet
   - **B** heescht
   - **C** ass

Trouvez la question qui correspond aux réponses données.

1. Hien heescht Maxime.
   - **A** Wat heescht hien?
   - **B** Wéi heeschen ech?
   - **C** Wéi heescht hien?

Module 1
VOCABULAIRE

2. Hatt wunnt zu Lëtzebuerg.
   - **A** Wéi wunnt hatt?
   - **B** Wou wunnt d'Jeanne?
   - **C** Wou wunnt de Pierre?

3. Merci, gutt.
   - **A** Wéi geet et?
   - **B** Wou wunnt Dir?
   - **C** Wat geet et?

4. Mäin Numm ass Pauline.
   - **A** Wéi heescht Dir?
   - **B** Wéi heescht hatt?
   - **C** Wéi ass säin Numm?

5. Ech kommen aus Frankräich.
   - **A** Aus wou kommt Dir?
   - **B** Wou kommt Dir?
   - **C** Vu wou kommt Dir?

Verbes

heeschen	*s'appeler*
sinn	*être*
kommen	*venir*
schwätzen	*parler*
wunnen	*habiter*
goen	*aller*

Module 1
VOCABULAIRE

Noms

Numm, Nimm, m.	*nom*
Virnumm, Virnimm, m.	*prénom*
Familljennumm, Familljennimm, m.	*nom de famille*
Sprooch, Sproochen, f.	*langue*
Moien, Moienter, m.	*matin*
Mëtteg, Mëtteger, m.	*midi*
Owend, Owenter, m.	*soir*
Dag, Deeg, m.	*jour*
Nuecht, Nuechten, f.	*nuit*

Pronoms

ech	*je*
Dir	*vous*
hien	*il*
hatt	*elle (familier)*

Locutions

Merci	*merci*
Moien	*salut*
Bonjour	*bonjour*
Salut	*salut*
Äddi	*adieu*
Awuer	*au revoir*
Wéi geet et?	*Comment ça va ?*

Module 1
VOCABULAIRE

Pronoms interrogatifs

Wéi?	*Comment ?*
Wou?	*Où ?*
Wat?	*Quoi ?*
Wat fir?	*Quel(les) ?*
Firwat?	*Pourquoi ?*
Vu wou?	*D'où ?*
Wien?	*Qui ?*
Wéini?	*Quand ?*

Prépositions

aus	*de (pays)*
vun	*de (ville)*
zu	*à (ville)*

Adjectis possessifs

mäin Numm	*mon nom*
säin Numm	*son nom*
Ären Numm	*votre nom*

Module 1
CORRIGÉ

Les bases

VOTRE SCORE :

PAGE 2
Salutations (**Moien**, **Mëtteg**, **Owend**, **Dag**)
1 **B** 2 **C** 3 **B** 4 **A**

PAGE 2
Salutations suivant l'occasion
1 **A** 2 **B** 3 **D** 4 **D**

PAGE 3
S'enquérir de l'état de quelqu'un
1 **B** 2 **A** 3 **C** 4 **B**

PAGES 3 - 5
Le prénom et son article
1 **C** 2 **B** 3 **B** 4 **A** 5 **C** 6 **B**
1 **D** 2 **A** 3 **D** 4 **C** 5 **B**
1 **A** 2 **C** 3 **C** 4 **B**
1 **A** 2 **C** 3 **A** 4 **B**

PAGES 5 - 7
Quelques questions-clés
1 **C** 2 **B** 3 **B** 4 **B** 5 **B** 6 **A**
1 **B** 2 **C** 3 **C** 4 **C** 5 **C**
1 **C** 2 **B** 3 **A** 4 **A** 5 **C**

Vous avez obtenu entre 0 et 14 ? Reprenez chaque question en regardant les endroits où vous avez fait des erreurs.

Vous avez obtenu entre 15 et 29 ? C'est très moyen, mais ne vous découragez pas.

Vous avez obtenu entre 30 et 45 ? Formidable ! Analysez les erreurs et, si besoin, révisez la ou les notions que vous ne maîtrisez pas complètement.

Vous avez obtenu 46 et plus ? Dir maacht dat wierklech tipptopp!

Module 2
LES BASES

Focus Verbes réguliers *(wunnen/schaffen/heeschen/schwätzen)* et irréguliers *(kommen)*

*Complétez les phrases suivantes avec le verbe **wunnen** conjugué comme il convient.*

Corrigé page 19

1. Ech _____ an der Stad.
   - **A** wunns
   - **B** wunnen
   - **C** wunnt

2. Wou _____ de Paul?
   - **A** wunnen
   - **B** wunns
   - **C** wunnt

3. Mir _____ an der Rue des Fleurs.
   - **A** wunns
   - **B** wunnen
   - **C** wunnt

4. _____ Dir scho laang hei?
   - **A** Wunnt
   - **B** Wunns
   - **C** Wunnen

5. _____ du och zu Lëtzebuerg?
   - **A** Wunns
   - **B** Wunnen
   - **C** Wunnt

Astuce Les verbes réguliers n'ont que trois terminaisons différentes possibles et le radical ne change pas. La 1ʳᵉ personne du singulier et du pluriel et la 3ᵉ personne du pluriel sont identiques à l'infinitif (terminaison en **-en**). La 2ᵉ personne du singulier prend toujours un **-s** tandis que la 3ᵉ personne du singulier et la 2ᵉ personne du pluriel prennent un **-t**.

Complétez les phrases suivantes avec le verbe qui convient.

1. De Jacques _____ 5 Sproochen.
   - **A** schwätzen
   - **B** schwätzt
   - **C** schafft
   - **D** schaffs

2. Mir _____ an der Stad.
   - **A** heeschen
   - **B** wunns
   - **C** wunnen
   - **D** wunnt

3. De Claude an d'Pascale _____ Maller mam Familljennumm.
   - **A** heescht
   - **B** schwätzt
   - **C** schwätzen
   - **D** heesche

4. _____ Dir beim Staat?
   - **A** Wunnt
   - **B** Schafft
   - **C** Schwätzt
   - **D** Heescht

Module 2
LES BASES

*Complétez les phrases suivantes avec le verbe **kommen** conjugué comme il convient.*

Corrigé page 19

1. Vu wou _____ Dir?
   - **A** kommt
   - **B** kommen
   - **C** kënnt
   - **D** kënns

2. D'Sophie _____ aus Frankräich.
   - **A** kommen
   - **B** kommt
   - **C** kënns
   - **D** kënnt

3. Joao, _____ du och aus Portugal?
   - **A** kënns
   - **B** kënnt
   - **C** kommt
   - **D** kommen

4. Mir _____ all aus Europa.
   - **A** kommt
   - **B** kommen
   - **C** kënnt
   - **D** kënns

Astuce Aux 2ᵉ et 3ᵉ personnes du singulier, le radical des verbes irréguliers change souvent de voyelle. Pour le verbe **kommen**, il y a même un changement au niveau des consonnes du radical.

Focus Les pronoms personnels

Complétez les phrases suivantes avec le pronom personnel qui convient.

1. Wunnt _____ zu Paräis?
   - **A** mir
   - **B** du
   - **C** hien
   - **D** ech

2. _____ schwätz scho gutt Lëtzebuergesch.
   - **A** Hien
   - **B** Du
   - **C** Si
   - **D** Mir

3. _____ kommen aus Amerika.
   - **A** Ech
   - **B** Du
   - **C** Dir
   - **D** Hatt

4. _____ kënnt net aus der Stad.
   - **A** Dir
   - **B** Hatt
   - **C** Ech
   - **D** Mir

5. Wou wunnt _____ ?
   - **A** hien
   - **B** mir
   - **C** du
   - **D** ech

Module 2
LES BASES

6. Wéi heesche _____ mam Familljennumm?
   - **A** ech
   - **B** si
   - **C** hatt
   - **D** dir

7. Kommt _____ och aus Brasilien?
   - **A** Dir
   - **B** du
   - **C** si
   - **D** hatt

8. Schafft _____ scho laang op der Bank?
   - **A** si
   - **B** ech
   - **C** du
   - **D** mir

Astuce On compte 8 pronoms personnels différents en luxembourgeois. Pour la 3ᵉ personne du singulier, il en existe trois : **hien** (masculin), **si** (féminin) et **hatt** (grammaticalement neutre). **Hatt** s'utilise pour désigner des personnes de sexe féminin, mais que l'on désigne par leur prénom. On dirait : **D'Lisa wunnt zu Lëtzebuerg, hatt schafft beim Staat. D'Madame Thill wunnt zu Lëtzebuerg, si schafft beim Staat.** La 2ᵉ personne du pluriel désigne aussi bien le pluriel de **du** *(tu)* que la formule de politesse (pour une ou plusieurs personnes). Dans ce cas, on ajoute une majuscule : **Dir**.

Complétez les phrases suivantes avec le pronom personnel qui convient.

1. Madame Müller, schafft _____ scho laang hei?
   - **A** du
   - **B** si
   - **C** hatt
   - **D** Dir

   Corrigé page 19

2. Tom, kënns _____ och aus England?
   - **A** du
   - **B** dir
   - **C** hien
   - **D** Dir

3. D'Lena kënnt aus der Belsch, _____ wunnt elo zu Lëtzebuerg.
   - **A** hatt
   - **B** si
   - **C** hien
   - **D** du

4. Den Här Conter schafft op enger Bank, _____ ass Comptabel.
   - **A** hien
   - **B** Dir
   - **C** si
   - **D** hatt

5. D'Madame Lommel wunnt net an der Stad, _____ wunnt zu Esch.
   - **A** Dir
   - **B** dir
   - **C** hatt
   - **D** si

Module 2
LES BASES

Focus Les questions

Corrigé page 19

Transposez les phrases suivantes à la forme interrogative.

1. D'Lea Schmit wunnt zu Dikrech.
   - **A** Wunnt d'Lea Schmit zu Dikrech?
   - **B** D'Lea Schmit wunnt hatt zu Dikrech?
   - **C** Zu Dikrech wunnt d'Lea Schmit?

2. De Sam heescht Weyler mam Famlljennumm.
   - **A** Mam Famlljennumm heescht de Sam Weyler?
   - **B** Weyler heescht de Sam mam Famlljennumm?
   - **C** Heescht de Sam Weyler mam Famlljennumm?

3. D'Halida kënnt aus dem Irak.
   - **A** Aus dem Irak kënnt d'Halida?
   - **B** D'Halida aus dem Irak kënnt hatt?
   - **C** Kënnt d'Halida aus dem Irak?

4. De Jos Kremer schafft op der Post.
   - **A** Schafft de Jos Kremer op der Post?
   - **B** De Jos Kremer op der Post schafft?
   - **C** Op der Post schafft de Jos Kremer?

> **Astuce** Pour formuler la question fermée à laquelle on répond par *oui* ou par *non*, il suffit d'inverser le verbe et le sujet, en commençant toujours la question par le verbe.

Trouvez la réponse qui correspond aux questions posées.

1. Schaffs du beim Staat?
   - **A** Jo, ech schaffen net beim Staat.
   - **B** Nee, ech schaffe beim Staat.
   - **C** Jo, ech schaffen do.
   - **D** Dach, ech schaffen do.

Module 2
LES BASES

2. Heescht Dir net Quintus?
   - (A) Jo, ech heesche Quintus.
   - (B) Dach, ech heesche Quintus.
   - (C) Nee, ech heesche Quintus.
   - (D) Jo, mäin Numm ass Quintus.

3. Schwätz du véier Sproochen?
   - (A) Nee, ech schwätze fënnef Sproochen.
   - (B) Jo, ech schwätzen net véier Sproochen.
   - (C) Dach, ech schwätze véier Sproochen.
   - (D) Nee, ech schwätzen net.

4. Wunnt de Philippe eleng?
   - (A) Nee, hie wunnt net eleng.
   - (B) Jo, hie wunnt net eleng.
   - (C) Dach, hie wunnt eleng.
   - (D) Jo, hie wunnt mam Alice zesummen.

> **Astuce** **Jo**, **nee** et **dach** sont les réponses possibles à une question fermée. On répond par **dach** à une question négative si la réponse est positive.

Trouvez la réponse qui correspond aux questions posées.

Corrigé page 19

1. Wunns du an der Stad?
   - (A) Dach, ech wunnen do.
   - (B) Jo, ech wunnen do.
   - (C) Ech wunnen an der Stad.
   - (D) Jo, ech wunnen net do.

2. Wou schaffs du?
   - (A) Ech schaffen net.
   - (B) Jo, ech schaffen op der Bank.
   - (C) Hie schafft op der Post.
   - (D) Mir schaffen net.

3. Wéi vill Sproochen schwätz du?
   - (A) Ech schwätze Franséisch.
   - (B) Hatt schwätzt dräi Sproochen.
   - (C) Ech schwätzen zwou Sproochen.
   - (D) Ech schwätze kee Lëtzebuergesch.

Module 2
LES BASES

Corrigé page 19

4. Wéi heescht de Frank mam Familljennumm?

- **A** Hien heescht Frank mam Virnumm.
- **B** Säi Virnumm ass Frank.
- **C** Mäi Familljennumm ass Schmit.
- **D** Säi Familljennumm ass Loos.

Focus   Le verbe *sinn*

*Complétez les phrases suivantes avec le verbe **sinn** conjugué comme il convient.*

1. De Paulo _____ Italiener.
   - **A** bass   **B** ass   **C** sinn   **D** sidd

2. Wie _____ du?
   - **A** ass   **B** sinn   **C** sidd   **D** bass

3. Ech _____ d'Josée.
   - **A** bass   **B** ass   **C** sinn   **D** sidd

4. Mir _____ all Studenten.
   - **A** sinn   **B** bass   **C** ass   **D** sidd

5. _____ Dir och aus der Stad?
   - **A** Sidd   **B** Ass   **C** Bass   **D** Sinn

6. De Louis an den Antoine _____ zu Lëtzebuerg gebuer.
   - **A** ass   **B** bass   **C** sinn   **D** sidd

Focus   La présentation

Complétez les phrases suivantes avec la ou les préposition(s) qui convien(nen)t.

1. De Pascal kënnt _____ Frankräich.
   - **A** vu   **B** vun   **C** aus   **D** zu

2. Hien ass _____ Dijon gebuer.
   - **A** an   **B** op   **C** vun   **D** zu

Module 2
VOCABULAIRE

3. Elo wunnt hien _____ Lëtzebuerg.

   A zu   **B** aus   **C** vu   **D** op

4. Hie schafft _____ der Stad, _____ Beggen.

   A an/an   **B** an/zu   **C** zu/an   **D** zu/zu

5. A _____ wou kommt Dir?

   A vun   **B** vu   **C** aus   **D** an

Verbes

heeschen	*s'appeler*
sinn	*être*
kommen	*venir*
schwätzen	*parler*
wunnen	*habiter*
schaffen	*travailler*
goen	*aller*

Noms

Stad, Stied, f.	*ville*
Staat, Staaten, m.	*État*
Bank, Banken, f.	*banque*
Student, Studenten, m.	*étudiant*

Pronoms

ech	*je*
du	*tu*
hien	*il*
si	*elle*
hatt	*elle (familier)*
mir	*nous*

Module 2
VOCABULAIRE

dir/Dir	*vous*
si	*ils, elles*

Locutions / Adverbes

jo	*oui*
nee	*non*
dach	*si*
schonn	*déjà*
hei	*ici*
och	*aussi*
net	*ne ... pas*
elo	*maintenant*

Adjectifs / Adverbes / Pronoms

laang	*long, longtemps*
all	*tous*
gutt	*bon, bien*
eleng	*seul*
zesummen	*ensemble*
gebuer	*né*

Prépositions

aus	*de (pays)*
vun	*de (ville)*
zu	*à (ville)*
an	*au, en (pays)*
bei	*chez, à (personne, société, État)*
op	*à (institution, administration)*

Conjonction

an	*et*

Module 2
CORRIGÉ

Les bases

PAGES 11 - 12
Verbes réguliers (**wunnen**/**schaffen**/**heeschen**/**schwätzen**) et irréguliers (**kommen**)
1 **B** 2 **C** 3 **B** 4 **A** 5 **A**
1 **B** 2 **C** 3 **D** 4 **B**
1 **A** 2 **D** 3 **A** 4 **B**

PAGES 12 - 13
Les pronoms personnels
1 **C** 2 **B** 3 **A** 4 **B** 5 **A** 6 **B** 7 **A** 8 **A**
1 **D** 2 **A** 3 **A** 4 **A** 5 **D**

PAGES 14 - 16
Les questions
1 **A** 2 **C** 3 **C** 4 **A**
1 **C** 2 **B** 3 **A** 4 **A**
1 **B** 2 **A** 3 **C** 4 **D**

PAGE 16
Le verbe **sinn**
1 **B** 2 **D** 3 **C** 4 **A** 5 **A** 6 **C**

PAGES 16 - 17
La présentation
1 **C** 2 **D** 3 **A** 4 **B** 5 **B**

VOTRE SCORE :

Vous avez obtenu entre 0 et 15 ? Reprenez chaque question en regardant les endroits où vous avez fait des erreurs.
Vous avez obtenu entre 16 et 31 ? C'est très moyen, mais ne vous découragez pas.
Vous avez obtenu entre 32 et 47 ? Formidable ! Analysez les erreurs et, si besoin, révisez la ou les notions que vous ne maîtrisez pas complètement.
Vous avez obtenu 48 et plus ? Dir maacht dat wierklech tipptopp!

Module 3
LES BASES

Focus Le tutoiement et le vouvoiement

Corrigé page 28

Complétez les phrases suivantes avec le pronom personnel qui convient, et son verbe le cas échéant.

1. Kanner, _____ haut net brav!
   - **A** du bass
   - **B** Dir sidd
   - **C** dir sidd

2. Madame Neyen, _____ och Lëtzebuergesch?
   - **A** léiert Dir
   - **B** léiert dir
   - **C** léiers du

3. Bonjour, _____ Dammen an _____ Hären!
   - **A** Dir/Dir
   - **B** du/du
   - **C** dir/dir

4. Lisa, wat fir e Buch _____ do?
   - **A** liest Dir
   - **B** lies du
   - **C** liest Dir

5. Ben, _____ ze vill Tëlee!
   - **A** Dir kuckt
   - **B** dir kuckt
   - **C** du kucks

Astuce Il existe une forme de tutoiement (**duzen**) (du) et une forme de vouvoiement (**dierzen**) (Dir). Lorsqu'il s'agit d'un pluriel de **du**, **dir** s'écrit avec une minuscule et ne correspond pas à un vouvoiement de politesse. En général, on tutoie les personnes à qui l'on s'adresse par leur prénom.

Focus L'impératif

Complétez les phrases suivantes avec le verbe conjugué comme il convient à l'impératif.

1. Jeanne, _____ direkt heihin!
   - **A** kënns
   - **B** kënnt
   - **C** komm

2. Kanner, _____ net sou vill!
   - **A** frot
   - **B** fro
   - **C** frees

3. Madame, _____ wannechgelift net sou haart!
   - **A** schwätzen
   - **B** schwätz
   - **C** schwätzt

Module 3
LES BASES

4. _____ Jos, wat kucks du do?
   - **A** Entschëllegs
   - **B** Entschëllegt
   - **C** Entschëlleg

5. Monsieur, _____ dat wannechgelift!
   - **A** widderhuels
   - **B** widderhuelen
   - **C** widderhuelt

> **Astuce** L'impératif est le mode de l'ordre. Suivi de la locution **wannechgelift**, l'impératif renvoie à une certaine politesse. En général, on forme l'impératif en utilisant le radical du verbe (pour la 2ᵉ personne du singulier) auquel on ajoute **-t** pour le pluriel et la forme de politesse.

Focus La politesse et les excuses

Complétez les phrases suivantes avec la locution qui convient.

Corrigé page 28

1. _____, wat sot Dir?
   - **A** Wannechgelift
   - **B** Watgelift
   - **C** Nach eng Kéier

2. Ech hunn dat net verstan, _____ wannechgelift!
   - **A** sot dat
   - **B** watgelift
   - **C** widderhuelt

3. Sot dat _____, ech hunn dat net verstan!
   - **A** widderhuelen
   - **B** wannechgelift
   - **C** nach eng Kéier

4. _____? Ech hunn dat net verstan!
   - **A** Wannechgelift
   - **B** Nach eng Kéier
   - **C** Watgelift

Module 3
LES BASES

Complétez les phrases suivantes.

1. Dir schwätzt ze séier, schwätzt _____.
   - **A** méi haart
   - **B** méi lues
   - **C** manner

2. Dir schwätzt ze lues, schwätzt _____.
   - **A** méi haart
   - **B** net sou haart
   - **C** méi

3. Dir schwätzt ze haart, schwätzt _____.
   - **A** méi séier
   - **B** méi lues
   - **C** net sou lues

4. Dir schwätzt ze vill, schwätzt _____.
   - **A** net sou vill
   - **B** méi
   - **C** méi lues

Une seule des fins proposées est incorrectes. Trouvez-la.

1. Ech hunn net verstan, _____!
   - **A** nach eng Kéier
   - **B** wannechgelift
   - **C** widderhuelt

2. Ech weess dat net, _____
   - **A** et deet mer leed.
   - **B** watgelift?
   - **C** entschëllegt!

3. Et deet mer leed, mee _____.
   - **A** ech froen dat net
   - **B** ech verstinn dat net
   - **C** ech weess dat net

4. Kënnt Dir dat widderhuelen, wannechgelift, _____.
   - **A** ech hunn dat net verstan
   - **B** Dir schwätzt net séier
   - **C** ech weess dat net

Module 3
LES BASES

Focus Les verbes *hunn/sinn*

*Complétez les phrases suivantes avec le verbe **hunn** conjugué comme il convient au présent.*

Corrigé page 28

1. Madame Kahlen, _____ Dir Äre Pass dobäi?
   - **A** huet
   - **B** hat
   - **C** hutt
   - **D** hues

2. D'Kanner _____ eng léif Léierin.
   - **A** hunn
   - **B** hunnen
   - **C** haten
   - **D** huet

3. Kuck, ech _____ en neien Handy.
   - **A** hat
   - **B** hunnen
   - **C** hätt
   - **D** hunn

4. _____ du vill Honger?
   - **A** Has
   - **B** Hues
   - **C** Hunn
   - **D** Häss

5. Mir _____ immens vill Duuscht.
   - **A** haten
   - **B** hunnen
   - **C** hunn
   - **D** hann

6. De Frank _____ 35 Joer.
   - **A** huet
   - **B** hat
   - **C** hues
   - **D** hutt

*Complétez les phrases suivantes avec le verbe **sinn** conjugué comme il convient au présent.*

1. Ech _____ immens duuschtereg.
   - **A** sinn
   - **B** ass
   - **C** si

2. _____ Dir krank?
   - **A** Sinn
   - **B** Sidd
   - **C** Bass

3. Wou _____ den Tom?
   - **A** bass
   - **B** sinn
   - **C** ass

4. D'Sonia an den Alex _____ hongereg.
   - **A** ass
   - **B** sidd
   - **C** sinn

5. Wou _____ du gebuer?
   - **A** ass
   - **B** bass
   - **C** sinn

6. Mir _____ haut net doheem.
   - **A** sinn
   - **B** si
   - **C** sidd

Module 3
LES BASES

Focus *Ech hätt gär/Ech géif gär*

*Complétez les phrases suivantes avec le verbe **hunn** conjugué comme il convient.*

Corrigé page 28

1. D'Marie _____ gär en neien Handy.
   - A hättet
   - B hätt
   - C hätte

2. Si wëssen net, wat si gär _____.
   - A hätt
   - B hätten
   - C hätte

3. _____ du och gär e Kaffi?
   - A Hätt
   - B Hättes
   - C Häss

4. Wat _____ Dir gär fir Äre Gebuertsdag?
   - A hättet
   - B hätt
   - C hätten

5. Ech _____ och gär eppes ze drénken.
   - A hätte
   - B häss
   - C hätt

*Complétez les phrases suivantes avec le verbe **ginn** conjugué comme il convient.*

1. Wou _____ du gär schaffen?
   - A géifes
   - B géifs
   - C géif

2. Wat _____ de Bob gär drénken?
   - A géift
   - B géifen
   - C géif

3. _____ Dir och gär eppes iessen?
   - A Géift
   - B Géifet
   - C Géifs

4. Am Summer _____ mir gär op Mallorca goen.
   - A géife
   - B géifen
   - C géif

5. D' Leit _____ gär e Renseignement kréien.
   - A géife
   - B géif
   - C géift

Module 3
LES BASES

Complétez les phrases suivantes.

Corrigé page 28

1. D'Clientë géife gär _____.
   - **A** eppes ze drénken
   - **B** eppes drénken
   - **C** eppes

2. Mir hätten haut gär _____.
   - **A** am Restaurant iessen
   - **B** en lessen am Restaurant
   - **C** an de Restaurant goen

3. D'Claudine géif gär fir säi Gebuertsdag _____.
   - **A** eng Party maachen
   - **B** eng Party
   - **C** eng Party ze maachen

4. De Marc géif gär an der Vakanz _____.
   - **A** surfe léieren
   - **B** e Surfcours
   - **C** an e Surfcours ze goen

5. Hätt Dir gär all Dag _____?
   - **A** eng Zeitung
   - **B** Zeitung liesen
   - **C** ze liesen eng Zeitung

Astuce **Ech hätt gär** est ici toujours suivi d'un nom et **Ech géif gär** d'un verbe à l'infinitif placé à la fin de la phrase.

Module 3
VOCABULAIRE

Verbes

léieren	*apprendre*
liesen	*lire*
kucken	*regarder*
froen	*demander*
entschëllegen	*excuser*
widderhuelen	*répéter*
verstoen	*comprendre*
soen	*dire*
kënnen	*pouvoir*
wëssen	*savoir*
drénken	*boire*
iessen	*manger*

Noms

Kand, Kanner, n.	*enfant*
Damm, Dammen, f.	*(ma)dame*
Här, Hären, m.	*monsieur*
Buch, Bicher, n.	*livre*
Tëlee, Tëleeën, f.	*télévision*
Zeitung, Zeitungen, f.	*journal*
Renseignement, Renseignementer, m.	*renseignement*
Gebuertsdag, Gebuertsdeeg, m.	*anniversaire*
Honger, m.	*faim*
Duuscht, m.	*soif*

Module 3
VOCABULAIRE

Locutions / Adverbes

do	*là*
haut	*aujourd'hui*
direkt	*tout de suite*
heihin	*ici (déplacement)*
sou	*si/aussi*
net sou	*ne … pas si*
ech hunn dat net verstan	*je n'ai pas compris*
nach eng Kéier	*encore une fois*
wannechgelift (wgl.)	*s'il vous plaît, s'il te plaît*
watgelift?	*s'il vous plaît ? pardon ?*
ze	*trop*
méi	*plus*
manner	*moins*
et deet mir leed	*je suis désolé*
ech weess dat net	*je ne (le) sais pas*
doheem	*à la maison*

Adjectifs / Adverbes

brav	*sage*
haart	*fort (volume)*
vill	*beaucoup*
lues	*lent, doux, doucement*
séier, schnell	*rapide, vite*
duuschtereg	*qui a soif*
hongereg	*qui a faim*

Module 3
CORRIGÉ

Les bases

PAGE 20
Le tutoiement et le vouvoiement
1 **C** 2 **A** 3 **A** 4 **B** 5 **C**

PAGES 20 - 21
L'impératif
1 **C** 2 **A** 3 **C** 4 **C** 5 **C**

PAGES 21 - 22
La politesse et les excuses
1 **B** 2 **C** 3 **C** 4 **C**
1 **B** 2 **A** 3 **B** 4 **A**
1 **B** 2 **B** 3 **A** 4 **A**

PAGE 23
hunn/sinn
1 **C** 2 **A** 3 **D** 4 **B** 5 **C** 6 **A**
1 **A** 2 **B** 3 **C** 4 **C** 5 **B** 6 **A**

PAGES 24 - 25
Ech hätt gär/Ech géif gär
1 **B** 2 **B** 3 **C** 4 **B** 5 **C**
1 **B** 2 **C** 3 **A** 4 **A** 5 **A**
1 **B** 2 **B** 3 **A** 4 **A** 5 **A**

Vous avez obtenu entre 0 et 15 ? Reprenez chaque question en regardant les endroits où vous avez fait des erreurs.

Vous avez obtenu entre 16 et 31 ? C'est très moyen, mais ne vous découragez pas.

Vous avez obtenu entre 32 et 47 ? Formidable ! Analysez les erreurs et, si besoin, révisez la ou les notions que vous ne maîtrisez pas complètement.

Vous avez obtenu 48 et plus ? Dir maacht dat wierklech tipptopp!

Module 4
LES BASES

Focus Les chiffres

Complétez les séquences suivantes avec le nombre qui convient.

Corrigé page 37

1. siwenanachtzeg, _____, nénganachtzeg
   - **A** 98
   - **B** 79
   - **C** 88

2. fofzeg, _____, siwwenzeg
   - **A** 16
   - **B** 60
   - **C** 6

3. honnertzwielef, _____, honnertvéierzéng
   - **A** 113
   - **B** 130
   - **C** 1300

4. fënnefavéierzeg, _____, fënnefafofzeg
   - **A** 65
   - **B** 50
   - **C** 46

5. dräiandrësseg, _____, eenandrësseg
   - **A** 34
   - **B** 35
   - **C** 32

Trouvez quel nombre écrit en toutes lettres correspond à celui écrit en chiffres.

1. De Steve huet 45 Joer.
   - **A** fënnefvéierzeg
   - **B** véierfofzeg
   - **C** fënnefavéierzeg
   - **D** véierafënnef

2. Zu Lëtzebuerg schaffen iwwer 100 000 Frontalieren.
   - **A** eng Millioun
   - **B** eng Milliard
   - **C** honnertdausend
   - **D** honnertandausend

3. D'Virwal fir Lëtzebuerg ass 352.
   - **A** dräihonnertfënnefzwanzeg
   - **B** dräihonnertzweeafofzeg
   - **C** dräihonnertzweefofzeg
   - **D** zweeafofzegdräihonnert

4. Mir wunnen an der Garerstrooss Nummer 97.
   - **A** néngsiwen
   - **B** siwenannéng
   - **C** néngasiwwenzeg
   - **D** siwenannonzeg

Module 4
LES BASES

Corrigé page 37

5. De Cours kascht 285 €.

- **A** zweefënnefanachtzeg
- **B** zweeachtzegfënnef
- **C** zweehonnertaachtafofzeg
- **D** zweehonnertfënnefanachtzeg

Trouvez quel nombre écrit en chiffres correspond à celui écrit en toutes lettres.

1. siwenhonnertfënnefannonzeg
   - **A** 759
   - **B** 579
   - **C** 795
   - **D** 719

2. fënnefdausenddräihonnertfofzeg
   - **A** 5315
   - **B** 5513
   - **C** 3515
   - **D** 5350

3. eendausendsechshonnertfënnefandrësseg
   - **A** 1635
   - **B** 1563
   - **C** 1536
   - **D** 5613

4. siwwenzénghonnertsiwenasiwwenzeg
   - **A** 1770
   - **B** 7117
   - **C** 1777
   - **D** 7717

5. zweedausendvéierhonnertzwielef
   - **A** 2420
   - **B** 4212
   - **C** 2124
   - **D** 2412

Astuce Dans les chiffres, les dizaines suivent les unités. Ainsi, *« vingt-trois »* devient par exemple *trois et vingt* (**dräianzwanzeg**). Il en est ainsi pour tous les chiffres compris entre 21 (**eenanzwanzeg**) et 99 (**néngannonzeg**).

Focus Les dates

Trouvez quelle date écrite en toutes lettres correspond à celle donnée en chiffres.

1. Haut ass den 08.03.
   - **A** aachte Mäerz
   - **B** aacht Mäerz
   - **C** aachten Mäerz
   - **D** Mäerz, den aachten

Module 4
LES BASES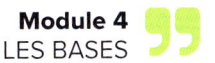

2. Muer ass den 1.10.

   A eent Oktober
   B eenten Oktober
   C éischten Oktober
   D éischt Oktober

   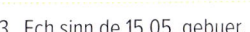 Corrigé page 37

3. Ech sinn de 15.05. gebuer.

   A fofzegste Mee
   B fofzéng Mee
   C fofzéngte Mee
   D Mee, de fofzéngten

4. Hien huet de 05.01. Gebuertsdag.

   A fënnef Januar
   B éischte Mee
   C fënnef vu Januar
   D fënnefte Januar

5. Eisen Hochzäitsdag ass den 03.04.

   A dräiten Abrëll
   B dräi Abrëll
   C drëtten Abrëll
   D dräi vun Abrëll

6. Hatt ass de 04.08. gebuer.

   A aachten Abrëll
   B véier August
   C véierten August
   D véier un Aachten

> **Astuce** Pour les dates, on doit utiliser les nombres ordinaux. Le premier (**den éischten**) et le troisième (**den drëtten**) sont irréguliers. Pour les autres, on rajoute **-ten** aux chiffres et nombres allant jusqu'à 19 et **-sten** à partir de 20. Les mois de l'année sont masculins.

Trouvez quelle année écrite en toutes lettres correspond à celle donnée en chiffres.

1. 1963

   A nonzénghonnertdräiasiechzeg
   B nonzéngdräiasiechzeg
   C dausendnénghonnertdräiasiechzeg

2. 2020

   A zwanzegzwanzeg
   B zwanzeghonnertzwanzeg
   C zweedausendzwanzeg

Module 4
LES BASES

Corrigé page 37

3. 2001
   - **A** zweehonnerteent
   - **B** zwanzeghonnerteent
   - **C** zweedausendeent

4. 1789
   - **A** siwwenzéngnénganachtzeg
   - **B** siwwenzénghonnertnénganachtzeg
   - **C** siwwenhonnertzénganénganachtzeg

5. 1999
   - **A** nonzénghonnertnéngannonzeg
   - **B** nonzéngnéngannonzeg
   - **C** nonzeghonnertnonzéng

Trouvez l'intrus.

1. Hien huet am _____ Geburtsdag.
   - **A** Juni
   - **B** Hierscht
   - **C** August
   - **D** Januar

2. Am _____ fuere mir an d'Vakanz.
   - **A** Mee
   - **B** Summer
   - **C** Wanter
   - **D** Fréijoer

3. De Cours dauert
   - **A** eng Woch
   - **B** ee Mount
   - **C** ee Joer
   - **D** ee Geburtsdag

4. Muer feiere mir _____.
   - **A** Geburtsdag
   - **B** Hochzäitsdag
   - **C** Wochendag
   - **D** Neijoerschdag

5. Mir hu _____ Lëtzebuergeschcours.
   - **A** méindes
   - **B** mëttes
   - **C** donneschdes
   - **D** dënschdes

Module 4
LES BASES

Focus — Demander des renseignements / état civil / statut professionnel

Complétez les phrases suivantes avec le mot qui ne désigne pas un état civil.

1. D'Madame Scholtes ass zënter 5 Joer _____.
   - A gescheet
   - B bestuet
   - C eleng

2. Zënter wéini sidd Dir _____?
   - A gepacst
   - B bestuet
   - C ugestallt

3. Sidd Dir _____?
   - A Wittmann
   - B Hausmann
   - C Jonggesell

4. De Marc ass nach ëmmer _____.
   - A leedeg
   - B bestuet
   - C selbstänneg

5. Ass de Paul scho laang _____?
   - A gescheet
   - B bestuet
   - C aarbechtslos

Complétez les phrases suivantes avec le terme qui convient.

Corrigé page 37

1. D'Stéphanie ass Employée, hatt ass bei der Post _____.
   - A selbstänneg
   - B geschafft
   - C ugestallt

2. De Luc ass _____, hien ass Architekt an huet eng Firma.
   - A aarbechtslos
   - B selbstänneg
   - C ugestallt

3. D'Maria sicht eng Aarbecht, hatt ass zënter engem Joer _____.
   - A selbstänneg
   - B ugestallt
   - C aarbechtslos

4. Ech sinn zënter véier Joer bei enger Privatschoul _____.
   - A agestallt
   - B aarbechtlos
   - C selbstänneg

5. D'Sophie schafft op enger Bank, mee hatt wëll sech elo _____ maachen.
   - A fräi
   - B aarbechtslos
   - C selbstänneg

Module 4
VOCABULAIRE

Verbes

maachen	*faire*
kaschten	*coûter*
mussen	*devoir, être obligé*
daueren	*durer*
feieren	*fêter*
sichen	*chercher*

Noms

Frontalier, Frontalieren, m.	*frontalier*
Nummer, Nummeren, f.	*numéro*
Virwal, Virwalen, f.	*préfixe (téléphone)*
Strooss, Stroossen, f.	*rue*
Luucht, Luuchten, f.	*lumière, lampe*
Fënster, Fënsteren, f.	*fenêtre*
Schwammcours, Schwammcoursen, m.	*cours de natation*
Dier, Dieren, f.	*porte*
Gebuertsdag, Gebuertsdeeg, m.	*anniversaire*
Hochzäitsdag, m.	*anniversaire de mariage*
Mount, Méint, m.	*mois*
Joer, Joer, n.	*an, année*
Silvester, m.	*Saint-Sylvestre*
Neijoerschdag, m.	*Nouvel An*
Wittmann, Wittmänner, m.	*veuf*
Wittfra, Wittfraen, f.	*veuve*
Hausmann, Hausmänner, m.	*homme au foyer*

Module 4
VOCABULAIRE

Hausfra, Hausfraen, f.	*femme au foyer*
Jonggesell, Jonggesellen, m.	*célibataire (homme)*
Jonggesellin, Jonggesellinnen, f.	*célibataire (femme)*
Aarbecht, Aarbechten, f.	*travail*
Firma, Firmaen, f.	*société*

Saisons

Fréijoer, Fréijoren, n.	*printemps*
Summer, Summeren, m.	*été*
Hierscht, Hierschter, m.	*automne*
Wanter, Wanteren, m.	*hiver*

Mois (m.)

Januar	*janvier*
Februar	*février*
Mäerz	*mars*
Abrëll	*avril*
Mee	*mai*
Juni	*juin*
Juli	*juillet*
August	*août*
September	*septembre*
Oktober	*octobre*
November	*novembre*
Dezember	*décembre*

Module 4
VOCABULAIRE

Locutions / Adverbes

muer	*demain*
iwwermuer	*après-demain*
nach ëmmer	*toujours*
scho laang	*déjà depuis longtemps*

Adjectifs / Adverbes

däischter	*foncé, noir, obscur*
krank	*malade*
kal	*froid*
bestuet	*marié*
gescheet	*divorcé*
gepacst	*pacsé*
leedeg	*célibataire*
ugestallt/agestallt	*employé*
selbstänneg	*indépendant*
aarbechtslos	*au chômage*
iwwert	*plus de*

Prépositions

fir	*pour*
zënter	*depuis*

Module 4
CORRIGÉ

Les bases

PAGES 29 - 30
Les chiffres
1 C 2 B 3 A 4 B 5 C
1 C 2 C 3 B 4 D 5 D
1 C 2 D 3 A 4 C 5 D

PAGES 30 - 32
Les dates
1 A 2 C 3 C 4 D 5 C 6 C
1 A 2 C 3 C 4 B 5 A
1 B 2 A 3 D 4 C 5 B

PAGE 33
Demander des renseignements / état civil / statut professionnel
1 C 2 C 3 B 4 C 5 C
1 C 2 B 3 C 4 A 5 C

VOTRE SCORE :

Vous avez obtenu entre 0 et 12 ? Reprenez chaque question en regardant les endroits où vous avez fait des erreurs.

Vous avez obtenu entre 13 et 26 ? C'est très moyen, mais ne vous découragez pas.

Vous avez obtenu entre 27 et 39 ? Formidable ! Analysez les erreurs et, si besoin, révisez la ou les notions que vous ne maîtrisez pas complètement.

Vous avez obtenu 40 et plus ? Dir maacht dat wierklech tipptopp!

Module 5
LES BASES

Focus — Les jours de la semaine

Complétez les phrases suivantes avec le jour de la semaine qui convient.

Corrigé page 47

1. Haut ass Méindeg. Muer ass _____.
   - **A** Mëttwoch
   - **B** Donneschdeg
   - **C** Freideg
   - **D** Dënschdeg

2. Muer ass Donneschdeg. Haut ass _____.
   - **A** Méindeg
   - **B** Freideg
   - **C** Mëttwoch
   - **D** Dënschdeg

3. Gëschter war Sonndeg. Haut ass _____.
   - **A** Méindeg
   - **B** Samschdeg
   - **C** Freideg
   - **D** Mëttwoch

4. Iwwermuer ass Mëttwoch. Haut ass _____.
   - **A** Dënschdeg
   - **B** Freideg
   - **C** Sonndeg
   - **D** Méindeg

5. Virgëschter war Freideg. Haut ass _____.
   - **A** Méindeg
   - **B** Dënschdeg
   - **C** Sonndeg
   - **D** Samschdeg

Complétez les séquences suivantes avec le jour de la semaine qui convient.

1. Méindeg - _____ - Mëttwoch - Donneschdeg
   - **A** Freideg
   - **B** Samschdeg
   - **C** Dënschdeg

2. Donneschdeg - Samschdeg - Méindeg - _____
   - **A** Mëttwoch
   - **B** Sonndeg
   - **C** Freideg

3. _____ - Méindeg - Mëttwoch - Freideg
   - **A** Donneschdeg
   - **B** Samschdeg
   - **C** Sonndeg

Module 5
LES BASES

4. Dënschdeg - Donneschdeg - _____ - Méindeg
   - **A** Sonndeg
   - **B** Freideg
   - **C** Samschdeg

5. Méindeg - Dënschdeg - Mëttwoch - _____
   - **A** Freideg
   - **B** Samschdeg
   - **C** Donneschdeg

Focus Les moments de la journée

Corrigé page 47

Complétez les phrases suivantes avec le moment de la journée qui convient.

1. Ech drénke _____ um 8 Auer Kaffi.
   - **A** moies
   - **B** mëttes
   - **C** owes

2. Mir iesse _____ um 12 Auer eng Zopp.
   - **A** moies
   - **B** mëttes
   - **C** nuets

3. D'Kanner schlofen _____ um 3 Auer gutt.
   - **A** nuets
   - **B** moies
   - **C** mëttes

4. _____ um 2 botze si d'Kichen.
   - **A** Nuets
   - **B** Nomëttes
   - **C** Owes

5. Mir ginn _____ um 8 Auer an de Kino.
   - **A** moies
   - **B** mëttes
   - **C** owes

Astuce 1 On peut utiliser les jours de la semaine comme adverbes en ajoutant un **-s** ou en remplaçant le **-g** par un **-s**. On les écrit alors avec une minuscule : **méindes, dënschdes, mëtttwochs, donneschdes, freides, samschdes, sonndes**. En général, cela signifie « *les lundis, mardis, mercredis,* etc. » (Exemple : **Méindes maachen ech Sport.** – *Je fais du sport tous les lundis.*), mais on peut aussi utiliser ces adverbes pour désigner un jour spécifique (Exemple : **mëtttwochs, den 8. März**).

Astuce 2 Les moments de la journée s'utilisent comme des adverbes de temps : **moies, mëttes, nomëttes, owes, nuets** (Exemple : **Owes kucken ech d'Tëlee** – *Le soir je regarde la télé*).

Module 5
LES BASES

Focus **Les horaires**

Corrigé page 47

Trouvez quel horaire en toutes lettres correspond à celui donné en chiffres.

1. Et ass 15.15.
   - **A** e Véierel op dräi moies
   - **B** e Véierel vir dräi mëttes
   - **C** e Véierel op dräi nomëttes
   - **D** e Véierel vir dräi owes

2. Et ass 14.10.
   - **A** zéng op zwou
   - **B** zéng vir zwou
   - **C** zéng op zwee
   - **D** zéng vir zwee

3. Et ass 16.40.
   - **A** zwanzeg vir véier
   - **B** zwanzeg vir fënnef
   - **C** véierzeg op véier
   - **D** fënnef op véier

4. Et ass 3.55.
   - **A** fënnef vir véier nuets
   - **B** fënnef op véier nuets
   - **C** véier op fënnef nuets
   - **D** fënnef vir dräi nuets

5. Et ass 19.30.
   - **A** hallwer siwen owes
   - **B** hallwer aacht owes
   - **C** siwen Auer hallef owes
   - **D** owes hallef op siwen

Trouvez quel horaire donné en chiffres correspond à celui donné en toutes lettres.

1. Et ass zéng op aacht moies.
   - **A** 7.50
   - **B** 8.10
   - **C** 10.08
   - **D** 20.10

2. Et ass hallwer néng owes.
   - **A** 8.30
   - **B** 9.30
   - **C** 21.30
   - **D** 20.30

3. Et ass e Véierel vir zwou nomëttes.
   - **A** 13.45
   - **B** 14.15
   - **C** 2.15
   - **D** 14.04

Module 5
LES BASES

4. Et ass fënnef vir hallwer 6.
   - **A** 5.25
   - **B** 16.25
   - **C** 5.35
   - **D** 6.25

5. Et ass zwanzeg vir eelef moies.
   - **A** 11.20
   - **B** 22.40
   - **C** 10.40
   - **D** 10.20

> **Astuce 1** Pour dire l'heure, on compte de 1 à 12 en rajoutant le moment de la journée, si le contexte n'est pas clair. Ainsi, *15 heures* se dit **3 Auer mëttes** et *3 heures*, **3 Auer nuets**.
> **Astuce 2** **Auer** est un nom féminin, il s'accorde donc en nombre (Exemple : eng **Auer**, zwou **Auer**).

Focus Les activités de loisir / les verbes *goen* et *fueren*

Corrigé page 47

*Complétez les phrases suivantes avec le verbe **goen** conjugué comme il convient.*

1. Mir _____ ëmmer freides an de Kino.
   - **A** goen
   - **B** ginn
   - **C** gitt
   - **D** geen

2. _____ du haut net schaffen?
   - **A** Gos
   - **B** Giss
   - **C** Gëss
   - **D** Gees

3. Hie _____ an d'Mier schwammen.
   - **A** got
   - **B** geet
   - **C** gitt
   - **D** ginn

4. Ech _____ immens gär spadséieren.
   - **A** ginn
   - **B** goen
   - **C** geen
   - **D** gitt

5. Wuer _____ d'Kanner an d'Schoul?
   - **A** goen
   - **B** geen
   - **C** gitt
   - **D** ginn

6. _____ Dir an Italien an d'Vakanz?
   - **A** Got
   - **B** Gidd
   - **C** Gitt
   - **D** Ginn

Module 5
LES BASES

*Complétez les phrases suivantes avec le verbe **fueren** conjugué comme il convient.*

Corrigé page 47

1. Ech _____ all Dag mam Vëlo.
   - **A** fieren
   - **B** fueren
   - **C** fier
   - **D** fuer

2. Mir _____ mam Auto an d'Stad.
   - **A** fier
   - **B** fuere
   - **C** fuert
   - **D** fieren

3. _____ du haut op Esch?
   - **A** Fuers
   - **B** Faars
   - **C** Fäers
   - **D** Fiers

4. Hie _____ net gär mam Bus.
   - **A** fuert
   - **B** faart
   - **C** fiert
   - **D** fäert

5. _____ Dir mam Bus oder mam Auto?
   - **A** Fuert
   - **B** Fiert
   - **C** Fäert
   - **D** Fueren

Complétez les phrases suivantes avec le verbe qui convient.

1. Mir _____ all Dag Tennis.
   - **A** spillen
   - **B** maachen
   - **C** ginn

2. Ech _____ gär mam Vëlo.
   - **A** maache
   - **B** fuere
   - **C** spille

3. Si _____ ganz vill Sport.
   - **A** gi
   - **B** spille
   - **C** maache

4. _____ dir och Piano?
   - **A** Maacht
   - **B** Spillt
   - **C** Sidd

5. Hie _____ all Dag schwammen.
   - **A** fiert
   - **B** mécht
   - **C** geet

> **Astuce** Pour les moyens de transport, on utilise en général **mam** qui se traduit littéralement par *avec le*. On dit ainsi : **Ech fuere mam Auto, mam Bus, mam Vëlo, mam Moto**, mais : **Ech ginn zu Fouss** (*Je vais à pied*).

Module 5
LES BASES

Focus L'inversion

Trouvez quelle phrase correspond à celle donnée après inversion.

1. Mir gi méindes net schaffen.
   - **A** Méindes mir ginn net schaffen.
   - **B** Méindes gi mir net schaffen.
   - **C** Mir méindes ginn net schaffen.

2. Haut de Mëtteg spille mir Tennis.
   - **A** Tennis mir spillen haut de Mëtteg.
   - **B** Haut de Mëtteg mir spillen Tennis.
   - **C** Mir spillen haut de Mëtteg Tennis.

3. Am Kino kucke mir e flotte Film.
   - **A** Am Kino mir kucken e flotte Film.
   - **B** Mir kucken e flotte Film am Kino.
   - **C** Kucken e flotte Film mir am Kino.

4. D'Famill Schmit fiert muer an d'Vakanz.
   - **A** Muer fiert d'Famill Schmit an d'Vakanz.
   - **B** An d'Vakanz muer fiert d'Famill Schmit.
   - **C** D'Famill Schmit muer fiert an d'Vakanz.

5. Sonndes gi mir an de Bësch joggen.
   - **A** Mir gi sonndes an de Bësch joggen.
   - **B** An de Bësch mir gi sonndes joggen.
   - **C** Jogge mir gi sonndes an de Bësch.

Complétez les phrases suivantes avec le début qui convient.

1. _____ Tennis spillen.
   - **A** Muer mir ginn
   - **B** Muer gi mir
   - **C** Gi mir muer
   - **D** Mir muer

Module 5
VOCABULAIRE

2. _____ an de Kino.
   - **A** Ech gi gär
   - **B** Ginn ech gär
   - **C** Gär ech ginn
   - **D** Gi gär ech

3. _____ an d'Vakanz.
   - **A** Si mam Zuch fueren
   - **B** Mam Zuch si fueren
   - **C** Fuere mam Zuch si
   - **D** Si fuere mam Zuch

4. _____ hatt Sport.
   - **A** Maacht all Dag
   - **B** All Dag maacht
   - **C** All Dag mécht
   - **D** Mécht all Dag

5. _____ an d'Schoul.
   - **A** D'Kanner ginn net gär
   - **B** Ginn net gär d'Kanner
   - **C** Gär ginn net d'Kanner
   - **D** Net gär d'Kanner ginn

Noms

Auer, Aueren, f.	heure, montre, horloge
Stonn, Stonnen, f.	heure (unité de temps)
Dag, Deeg, m.	jour, journée
Wochendag, Wochendeeg, m.	jour de la semaine
Woch, Wochen, f.	semaine
Kichen, Kichen, f.	cuisine
Kino, Kinoen, m.	cinéma
Véierel, Véierel, n.	quart
Auto, Autoen, m.	voiture
Bus, Bussen, m.	autobus
Moto, Motoen, m.	moto

Module 5
VOCABULAIRE

Vëlo, Vëloen, m.	*vélo*
Bësch, Bëscher, m.	*forêt*

Jours de la semaine

Méindeg	*lundi*
Dënschdeg	*mardi*
Mëttwoch	*mercredi*
Donneschdeg	*jeudi*
Freideg	*vendredi*
Samschdeg	*samedi*
Sonndeg	*dimanche*

Locutions / Adverbes / Moments de la journée

moies	*matin*
mëttes	*midi*
nomëttes	*après-midi*
owes	*soir*
nuets	*nuit*
all Dag	*tous les jours*
haut	*aujourd'hui*
muer	*demain*
gëschter	*hier*
virgëschter	*avant-hier*
iwwermuer	*après-demain*

Adjectif

flott	*chouette*

Préposition

vun ... bis ...	*de ... à ...*

Module 5
CORRIGÉ

Les bases

VOTRE SCORE :

PAGES 38 - 39
Les jours de la semaine
1 **D** 2 **C** 3 **A** 4 **D** 5 **C**
1 **C** 2 **A** 3 **B** 4 **C** 5 **C**

PAGE 39
Les moments de la journée
1 **A** 2 **B** 3 **A** 4 **B** 5 **C**

PAGES 40 - 41
Les horaires
1 **C** 2 **A** 3 **B** 4 **A** 5 **B**
1 **B** 2 **D** 3 **A** 4 **A** 5 **C**

PAGES 41 - 42
Les activités de loisir
1 **B** 2 **D** 3 **B** 4 **A** 5 **D** 6 **C**
1 **B** 2 **B** 3 **D** 4 **C** 5 **A**
1 **A** 2 **B** 3 **C** 4 **B** 5 **C**

PAGES 43 - 44
L'inversion
1 **B** 2 **C** 3 **B** 4 **A** 5 **A**
1 **B** 2 **A** 3 **D** 4 **C** 5 **A**

Vous avez obtenu entre 0 et 16 ? Reprenez chaque question en regardant les endroits où vous avez fait des erreurs.

Vous avez obtenu entre 17 et 34 ? C'est très moyen, mais ne vous découragez pas.

Vous avez obtenu entre 35 et 49 ? Formidable ! Analysez les erreurs et, si besoin, révisez la ou les notions que vous ne maîtrisez pas complètement.

Vous avez obtenu 50 et plus ? Dir maacht dat wierklech tipptopp!

Module 6
LES BASES

Focus Les articles définis/indéfinis et le genre

Déterminez le genre des substantifs suivants.

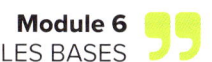
Corrigé page 57

1. eng/d'Schoul
   - **A** masculin
   - **B** féminin
   - **C** neutre

2. e/d'Land
   - **A** masculin
   - **B** féminin
   - **C** neutre

3. eng/d'Stad
   - **A** masculin
   - **B** féminin
   - **C** neutre

4. en/den Numm
   - **A** masculin
   - **B** féminin
   - **C** neutre

5. eng/d'Sprooch
   - **A** masculin
   - **B** féminin
   - **C** neutre

6. en/den Dag
   - **A** masculin
   - **B** féminin
   - **C** neutre

7. e/d'Kand
   - **A** masculin
   - **B** féminin
   - **C** neutre

8. e/de Mount
   - **A** masculin
   - **B** féminin
   - **C** neutre

Connaissant le genre des substantifs suivants, choisissez la bonne combinaison d'articles.

1. Auto (m.)
   - **A** en/den
   - **B** en/d'

2. Duerf (n.)
   - **A** eng/d'
   - **B** en/d'

3. Meedchen (n.)
   - **A** eng/d'
   - **B** e/d'

Module 6
LES BASES

> Corrigé page 57

4. Kaz (f.)
   - Ⓐ e/de
   - Ⓑ eng/d'

5. Brout (n.)
   - Ⓐ eng/den
   - Ⓑ e/d'

6. Fra (f.)
   - Ⓐ eng/de
   - Ⓑ eng/d'

7. Vëlo (m.)
   - Ⓐ e/de
   - Ⓑ e/d'

8. Buch (n.)
   - Ⓐ eng/d'
   - Ⓑ e/d'

Astuce Les articles définis sont **den (de)** pour le masculin, et **d'** pour le féminin, le neutre et le pluriel. Pour reconnaître le genre des substantifs par leur article, il faut aussi considérer l'article indéfini : **en (e)** pour le masculin et le neutre, **eng** pour le féminin.

Focus La négation

Trouvez la forme négative correcte des phrases suivantes.

1. Mir hunn en Auto.
   - Ⓐ Mir hu keng Auto.
   - Ⓑ Mir hu keen Auto.
   - Ⓒ Mir hunn net Auto.

2. De Jos huet eng Aarbecht.
   - Ⓐ De Jos huet keng Aarbecht.
   - Ⓑ De Jos net huet Aarbecht.
   - Ⓒ De Jos huet keen Aarbecht.

3. D'Anna huet en Hond.
   - Ⓐ D'Anna huet keng Hond.
   - Ⓑ D'Anna huet kee Hond.
   - Ⓒ D'Anna huet keen Hond.

Module 6
LES BASES

4. De Pol an d'Josée hu Kanner.
   - (A) De Pol an d'Josée hu keng Kanner.
   - (B) De Pol an d'Josée hu kee Kanner.
   - (C) De Pol an d'Josée hu keen Kanner.

5. Ech iesse Brout.
   - (A) Ech iesse keng Brout.
   - (B) Ech iesse keen Brout.
   - (C) Ech iesse kee Brout.

Astuce La négation de l'article indéfini **en** ou **eng** est **keen (kee)** ou **keng**. Au pluriel, il n'y a pas d'article indéfini, mais sa négation est **keng**. En luxembourgeois, il n'existe pas d'article partitif, qui désigne une partie non comptable d'un ensemble continu *(du, de la, des)*, mais sa négation est **keen (kee)** ou **keng** suivant le genre.

Trouvez la forme négative correcte des phrases suivantes.

1. Mir fuere mam Auto.
   - (A) Mir fuere mam Auto net.
   - (B) Mir fueren net mam Auto.
   - (C) Mir net fuere mam Auto.

2. De Jos huet vill Aarbecht.
   - (A) De Jos huet keng vill Aarbecht.
   - (B) De Jos net huet vill Aarbecht.
   - (C) De Jos huet net vill Aarbecht.

3. D'Anna schafft all Dag.
   - (A) D'Anna schafft net all Dag.
   - (B) D'Anna schafft keen Dag.
   - (C) D'Anna schafft all Dag net.

Module 6
LES BASES

4. Mir wunnen an der Stad.

    A Mir net wunnen an der Stad.

    B Mir wunnen an der Stad net.

    C Mir wunnen net an der Stad.

Corrigé page 57

5. Hien ass de Pierre.

    A Hien ass net de Pierre.

    B Hien ass kee Pierre.

    C Hien ass de Pierre net.

> **Astuce** Pour tout ce qui n'est pas article indéfini ou partitif, la particule de négation est **net**. Elle peut avoir différentes places dans la phrase, mais se place en général devant l'élément à nier, sauf pour les verbes.

*Trouvez la phrase où la particule de négation **net** est placée au bon endroit.*

1. Den Dokter schafft an enger Apdikt.

    A Den Dokter net schafft an enger Apdikt.

    B Den Dokter schafft an enger Apdikt net.

    C Den Dokter schafft net an enger Apdikt.

2. Mir schaffen haut vill.

    A Mir net schaffen haut vill.

    B Mir schaffen haut net vill.

    C Mir schaffen net haut vill.

3. Ech si Kächin vu Beruff.

    A Ech si Kächin net vu Beruff.

    B Ech si Kächin vu Beruff net.

    C Ech sinn net Kächin vu Beruff.

Module 6
LES BASES

4. De John ass am Chômage.
   - **A** De John net ass am Chômage.
   - **B** De John ass net am Chômage.
   - **C** De John ass am Chômage net.

5. D'Françoise schafft de Moment.
   - **A** D'Françoise schafft net de Moment.
   - **B** D'Françoise schafft de Moment net.
   - **C** D'Françoise net schafft de Moment.

Focus — Les professions masculin/féminin

Trouvez la forme féminine correcte des professions suivantes.

Corrigé page 57

1. Dokter
   - **A** Dokterin
   - **B** Doktesch

2. Verkeefer
   - **A** Verkeeferin
   - **B** Verkeefesch

3. Coiffer
   - **A** Coiffeuse
   - **B** Coifferin

4. Informatiker
   - **A** Informatikesch
   - **B** Informatikerin

5. Sekretär
   - **A** Sekretäresch
   - **B** Sekretärin

6. Comptabel
   - **A** Comptabelin
   - **B** Comptabel

7. Kach
   - **A** Kacherin
   - **B** Kächin

8. Mecanicien
   - **A** Mecanicienne
   - **B** Mecanicerin

Module 6
LES BASES

Trouvez la forme masculine correcte des professions suivantes.

Corrigé page 57

1. Apdiktesch
   - **A** Apdikter
   - **B** Apdikteur

2. Dolmetscherin
   - **A** Dolmetsch
   - **B** Dolmetscher

3. Receptionnistin
   - **A** Receptionnister
   - **B** Receptionnist

4. Serveuse
   - **A** Server
   - **B** Garçon

5. Léierin
   - **A** Léierer
   - **B** Schoulmeeschter

6. Bäckesch
   - **A** Bäcker
   - **B** Bäckerer

7. Educatrice
   - **A** Educateur
   - **B** Educater

8. Fotografin
   - **A** Fotografer
   - **B** Fotograf

Focus — Les prépositions relatives aux lieux de travail

Complétez les phrases suivantes avec la préposition qui convient.

1. De Mecanicien schafft _____ enger Garage.
   - **A** an
   - **B** bei
   - **C** op

2. Den Infirmier schafft _____ engem Spidol.
   - **A** zu
   - **B** an
   - **C** bei

3. De Professer schafft _____ der Universitéit.
   - **A** op
   - **B** zu
   - **C** an

Module 6
LES BASES

4. De Sekretär schafft _____ engem Dokter.
   - **A** bei
   - **B** an
   - **C** op

5. D'Julie schafft elo _____ Dikrech.
   - **A** op
   - **B** bei
   - **C** zu

> **Astuce** On choisit en général entre trois prépositions :
> **an** + immeubles (*magasin*, **Buttek**, par exemple)
> **bei** + personnes (*médecin*, **Dokter**, par exemple)
> **op** + administrations et espaces ouverts (*ministère*, **Ministère**, *marché*, **Maart**, par exemple)
> **zu** est utilisé pour les lieux comme les villes ou les localités **(zu Lëtzebuerg)**.

Focus Les professions

Corrigé page 57

Terminez les phrases suivantes de façon à expliquer en quoi consistent réellement ces professions.

1. D'Kächin ...
   - **A** ... verkeeft Brout.
   - **B** ... reparéiert Maschinnen.
   - **C** ... schafft an enger Kantin.
   - **D** ... mécht Fotoen.

2. Den Iwwersetzer ...
   - **A** ... trainéiert um Stadion.
   - **B** ... schafft an enger Librairie.
   - **C** ... schafft vill mat Dictionnairen.
   - **D** ... léiert Lëtzebuergesch.

3. De Verkeefer ...
   - **A** ... schafft op engem Maart.
   - **B** ... baakt Brout.
   - **C** ... preparéiert Menüen.
   - **D** ... reparéiert Handyen.

4. Den Apdikter ...
   - **A** ... verkeeft Medikamenter.
   - **B** ... schreift Rapporten.
   - **C** ... kacht Platen.
   - **D** ... baut Haiser.

Module 6
VOCABULAIRE

Trouvez la profession qui correspond aux définitions données.

Corrigé page 57

1. Hie schafft an enger Librairie.
   - **A** Hien ass Verkeefer.
   - **B** Hien ass Iwwersetzer.
   - **C** Hien ass Educateur.

2. Si schafft an engem Spidol.
   - **A** Si ass Coiffeuse.
   - **B** Si ass Doktesch.
   - **C** Si ass Bäckesch.

3. Hie schafft an enger Schoul.
   - **A** Hien ass Fotograf.
   - **B** Hien ass Comptabel.
   - **C** Hien ass Schoulmeeschter.

4. Si iwwersetzt simultan, wat d'Leit schwätzen.
   - **A** Si ass Dolmetscherin.
   - **B** Si ass Psychologin.
   - **C** Si ass Sekretärin.

5. Hie baut Haiser.
   - **A** Hien ass Archäolog.
   - **B** Hien ass Architekt.
   - **C** Hien ass Mecanicien.

Verbes

bauen	*construire*
schaffen	*travailler*
verkafen	*vendre*

Module 6
VOCABULAIRE

kachen	cuisiner
baken	préparer des gâteaux ou du pain
léieren	apprendre
iwwersetzen	traduire
reparéieren	réparer
preparéieren	préparer

Noms

Dokter, Dokteren, m.	médecin (homme)
Doktesch, Dokteschen, f.	médecin (femme)
Verkeefer, Verkeefer, m.	vendeur
Verkeeferin, Verkeeferinnen, f.	vendeuse
Coiffer, Coifferen, m.	coiffeur
Coiffeuse, Coiffeusen, f.	coiffeuse
Informatiker, Informatiker, m.	informaticien
Informatikerin, Informatikerinnen, f.	informaticienne
Sekretär, Sekretären, m.	secrétaire (homme)
Sekretärin, Sekretärinnen, f.	secrétaire (femme)
Comptabel, Comptabelen, m./f.	comptable
Kach, Käch, m.	cuisinier
Kächin, Kächinnen, f.	cuisinière
Apdikter, Apdikter, m.	pharmacien
Apdiktesch, Apdikteschen, f.	pharmacienne
Mecanicien, Mecanicienen, m.	mécanicien
Mecanicienne, Mecaniciennen, f.	mécanicienne
Iwwersetzer, Iwwersetzer, m.	traducteur
Iwwersetzerin, Iwwersetzerinnen, f.	traductrice
Dolmetscher, Dolmetscher, m.	interprète (homme)

Module 6
VOCABULAIRE

Dolmetscherin, Dolmetscherinnen, f.	*interprète (femme)*
Serveuse, Serveusen, f.	*serveuse*
Garçon, Garçonen, m.	*serveur*
Schoulmeeschter, Schoulmeeschteren, m.	*enseignant, maître d'école*
Léierin, Léierinnen, f.	*enseignante, maîtresse*
Bäcker, Bäcker, m.	*boulanger*
Bäckesch, Bäckeschen, f.	*boulangère*
Educateur, Educateuren, m.	*éducateur*
Educatrice, Educatricen, f.	*éducatrice*
Fotograf, Fotografen, m.	*photographe (homme)*
Fotografin, Fotografinnen, f.	*photographe (femme)*
Aarbecht, Aarbechten, f.	*travail*
Beruff, Beruffer, m.	*profession*

Articles

en	*un*
eng	*une*
keen	*pas de (m., n.)*
keng	*pas de (f., pl.)*
den	*le (m.)*
d'	*la, les (f., n., pl.)*
net	*ne ... pas*

Module 6
CORRIGÉ

Les bases

PAGES 47 - 48
Les articles définis/indéfinis et le genre
1 **B** 2 **C** 3 **B** 4 **A** 5 **B** 6 **A** 7 **C** 8 **A**
1 **A** 2 **B** 3 **B** 4 **B** 5 **B** 6 **B** 7 **A** 8 **B**

PAGES 48 - 51
La négation
1 **B** 2 **A** 3 **C** 4 **A** 5 **C**
1 **B** 2 **C** 3 **A** 4 **C** 5 **A**
1 **C** 2 **B** 3 **C** 4 **B** 5 **B**

PAGES 51 - 52
Les professions masculin/féminin
1 **B** 2 **A** 3 **A** 4 **B** 5 **B** 6 **B** 7 **B** 8 **A**
1 **A** 2 **B** 3 **B** 4 **B** 5 **B** 6 **A** 7 **A** 8 **B**

PAGES 52 - 53
Les prépositions relatives aux lieux de travail
1 **A** 2 **B** 3 **A** 4 **A** 5 **C**

PAGES 53 - 54
Les professions
1 **C** 2 **C** 3 **A** 4 **A**
1 **A** 2 **B** 3 **C** 4 **A** 5 **B**

VOTRE SCORE :

Vous avez obtenu entre 0 et 19 ? Reprenez chaque question en regardant les endroits où vous avez fait des erreurs.

Vous avez obtenu entre 20 et 39 ? C'est très moyen, mais ne vous découragez pas.

Vous avez obtenu entre 40 et 59 ? Formidable ! Analysez les erreurs et, si besoin, révisez la ou les notions que vous ne maîtrisez pas complètement.

Vous avez obtenu 60 et plus ? Dir maacht dat wierklech tipptopp!

Module 7
LES BASES

Focus — Le vocabulaire des aliments

Corrigé page 69

Cherchez l'intrus.

1. Wat ass kee Mëllechprodukt?
   - **A** Kéis
   - **B** Ram
   - **C** Ham
   - **D** Botter

2. Wat ass keen Uebst?
   - **A** Boun
   - **B** Apel
   - **C** Bir
   - **D** Piisch

3. Wat ass kee Geméis?
   - **A** Paprika
   - **B** Drauf
   - **C** Ierbes
   - **D** Muert

4. Wat ass kee Gedrénks?
   - **A** Limonad
   - **B** Waasser
   - **C** Jus
   - **D** Ueleg

5. Wat ass keng Séissegkeet?
   - **A** Schockela
   - **B** Kamell
   - **C** Räis
   - **D** Knippchen

6. Wat ass kee Produit aus der Bäckerei/Pâtisserie?
   - **A** Brot
   - **B** Kuch
   - **C** Taart
   - **D** Mëtsch

7. Wat ass kee Produit aus der Metzlerei/Charcuterie?
   - **A** Zooss
   - **B** Poulet
   - **C** Kotelett
   - **D** Lyoner

8. Wat ass kee Produit aus dem Fëschrayon?
   - **A** Frell
   - **B** Mull
   - **C** Hierk
   - **D** Zoossiss

Focus — Le vocabulaire des emballages

Trouvez l'emballage ou la quantité qui convient pour chaque produit.

1. Nuddelen
   - **A** e Pak
   - **B** eng Béchs
   - **C** e Glas

2. Waasser
   - **A** e Stéck
   - **B** e Pak
   - **C** eng Fläsch

Module 7
LES BASES

3. Gebeess
   - **A** en Tüb
   - **B** e Glas
   - **C** eng Tranche

4. Jughurt
   - **A** e Stéck
   - **B** e Pak
   - **C** en Dëppchen

5. Ananas
   - **A** eng Béchs
   - **B** eng Dosen
   - **C** en Tüb

6. Eeër
   - **A** e Stéck
   - **B** e Glas
   - **C** eng Dosen

7. Kamellen
   - **A** eng Tut
   - **B** eng Béchs
   - **C** eng Tranche

8. Kéis
   - **A** eng Fläsch
   - **B** en Dëppchen
   - **C** e Stéck

Focus Le vocabulaire des magasins

Complétez les phrases suivantes en choissant le magasin qui convient.

1. Ech kafe Brout _____.
   - **A** an der Bäckerei
   - **B** am Broutbuttek
   - **C** am Fleeschbuttek

   Corrigé page 69

2. Ech kafe Sandalen _____.
   - **A** am Kleederbuttek
   - **B** am Sandalebuttek
   - **C** am Schongbuttek

3. Ech kafen e Roman _____.
   - **A** am Romanbuttek
   - **B** am Bicherbuttek
   - **C** am Pabeierbuttek

Module 7
LES BASES

4 Ech kafen eng Zäitschrëft _____.
   - **A** am Bicherbuttek
   - **B** am Zeitungsbuttek
   - **C** am Miwwelbuttek

Corrigé page 69

5 Ech kafen Tulpen _____.
   - **A** am Gedrénksbuttek
   - **B** am Kaddosbuttek
   - **C** am Blummebuttek

> **Astuce** Très souvent, le terme pour le magasin où l'on trouve certains produits se compose du nom générique des produits suivi de **-buttek**. Par exemple : **Blummen** + **-buttek** → **Blummebuttek** *(magasin de fleurs)*, **Schong** + **-buttek** → **Schongbuttek** *(magasin de chaussures)*.

Focus Les verbes utiles : *kréien, huelen, kafen, verkafen*

*Complétez les phrases suivantes avec le verbe **kréien** conjugué comme il convient au présent.*

1. Mir _____ eng Dosen Eeër.
   - **A** kréien
   - **B** krinn
   - **C** kréiten

2. Wat _____ Dir?
   - **A** krut
   - **B** kritt
   - **C** kréit

3. _____ du och eng Tut?
   - **A** Kréis
   - **B** Krus
   - **C** Kriss

4. Ech _____ zwee Kaffi, wannechgelift.
   - **A** krinn
   - **B** kréien
   - **C** kréis

5. Wat _____ de Client?
   - **A** kriss
   - **B** kréien
   - **C** kritt

Module 7
LES BASES

6. D'Kanner _____ haut eng Glace.
   - A kruten
   - B kréien
   - C krinn

7. D'Madame Scholtes _____ haut keng Mëllech.
   - A kréis
   - B kriss
   - C kritt

8. Wat _____ hatt beim Metzler?
   - A kréien
   - B kritt
   - C krit

*Complétez les phrases suivantes avec le verbe **huelen** conjugué comme il convient au présent.*

Corrigé page 69

1. Ech _____ och nach e Pond Tomaten.
   - A hëllen
   - B huelen
   - C huel

2. Den Här Kalmes _____ ni Mëllech an de Kaffi.
   - A huelt
   - B hëllt
   - C hëlt

3. Wat _____ Dir als Dessert?
   - A hëllt
   - B huelt
   - C huelet

4. Firwat _____ du keen Zocker?
   - A huels
   - B hëls
   - C hëlles

5. _____ d'Anna och e Glas Schampes?
   - A Hëlt
   - B Huelt
   - C Hellt

6. Mir _____ eng Entrée an en Haaptplat.
   - A hëllen
   - B hollen
   - C huelen

7. D'Leit _____ normalerweis e Kaffi nom lessen.
   - A hollen
   - B huelen
   - C hëlt

8. D'Madame Santer _____ e klengen Aperitif.
   - A huelt
   - B hëllet
   - C hëlt

Module 7
LES BASES

*Complétez les phrases suivantes avec les verbes **kafen**
ou **verkafen** conjugués comme il convient au présent.*

Corrigé page 69

1. De Client _____ nëmme fräsch Geméis.
   - A kaft
   - B kaaft
   - C keeft

2. Wou _____ Dir Äert Fleesch?
   - A keeft
   - B kaaft
   - C kafft

3. _____ de Blummebuttek och Vasen?
   - A Verkaaft
   - B Verkafft
   - C Verkeeft

4. Wat _____ du net am Supermarché?
   - A kaffs
   - B keefs
   - C kaafs

5. Op der Tankstell _____ si bal alles.
   - A verkaft
   - B verkaafen
   - C verkafe

6. Ech _____ ëmmer Saachen an der Reklamm.
   - A keefen
   - B kafen
   - C kaf

7. D'Lisa produzéiert a _____ Fantasiebijouen.
   - A verkeeft
   - B verkaaft
   - C verkafft

8. Mir _____ d'Eeër ëmmer beim Bauer.
   - A kaf
   - B kafen
   - C kaaften

Focus Le pluriel des mots

Trouvez le pluriel correct des noms suivants.

1. Pak
   - A Paken
   - B Päck
   - C Paks

2. Glas
   - A Glaser
   - B Glasen
   - C Glieser

3. Buttek
   - A Butteker
   - B Butteken
   - C Butteks

Module 7
LES BASES

4. Apel
   - **A** Apelen
   - **B** Äppel
   - **C** Äppelen

5. Bréitchen
   - **A** Bréitchener
   - **B** Bréitercher
   - **C** Bréidercher

6. Fësch
   - **A** Fësch
   - **B** Fëschen
   - **C** Fisch

7. Dëppchen
   - **A** Dëppercher
   - **B** Dëppcher
   - **C** Dëppenchen

8. Kuch
   - **A** Kich
   - **B** Kichen
   - **C** Kuchen

Astuce Pour former le pluriel, on ajoute très souvent **-en** ou **-er** aux mots, mais ce n'est pas une règle générale. Il existe beaucoup de formes de pluriel en luxembourgeois. Le mieux est de les apprendre par cœur.

Focus — Les expressions au magasin

Corrigé page 69

Complétez les phrases suivantes avec le mot qui convient.

1. _____ wiem ass et?
   - **A** U
   - **B** A
   - **C** Fir

2. Wat _____ Dir?
   - **A** maacht
   - **B** kritt
   - **C** sot

3. Ech _____ e Kilo Tomaten.
   - **A** géif gär
   - **B** hu gär
   - **C** hätt gär

4. Kritt Dir _____ nach eppes?
   - **A** soss
   - **B** keen
   - **C** näischt

5. Ass dat _____?
   - **A** vill
   - **B** alles
   - **C** wéineg

Module 7
LES BASES

Corrigé page 69

6. Wéi vill _____ d'Orangen?
   - **A** kafen
   - **B** huelen
   - **C** kaschten

7. Ech _____ mat der Kreditkaart bezuelen.
   - **A** hätt gär
   - **B** géif gär
   - **C** hu gär

8. Dat _____ zesummen zwanzeg Euro.
   - **A** mécht
   - **B** keeft
   - **C** hëlt

Focus — Les horaires d'ouverture : prépositions et adverbes

Complétez les phrases suivantes avec le ou les mot(s) qui convien(nen)t.

1. De Buttek huet _____ moies aacht _____ owes aacht op.
   - **A** vu/bis
   - **B** ab/un

2. De Supermarché mécht samschdes _____ siwen Auer zou.
   - **A** bis
   - **B** um

3. Et ass keng Mëttespaus, et ass _____ op.
   - **A** riichtduerch
   - **B** riichtaus

4. Mir hunn all Dag _____ owes zéng Auer fir Iech op.
   - **A** um
   - **B** bis

5. De Buttek ass _____ aacht Auer _____ fir eis Clienten op.
   - **A** vun/bis
   - **B** vun/u(n)

6. De Buttek ass all Dag op, _____ sonndes.
   - **A** nëmme(n)
   - **B** ausser

7. _____ wéi vill Auer mécht den Zeitungsbuttek zou?
   - **A** Ab
   - **B** Um

8. D'Tankstell ass _____ an _____, 24 op 24, op.
   - **A** Dag/Nuecht
   - **B** moies a mëttes

Module 7
LES BASES

Focus Faire ses courses

Trouvez la réponse qui correspond aux questions posées.

1. Wéini mécht de Supermarché op?
   - **A** Um aacht Auer.
   - **B** Vun aacht bis zwielef.
   - **C** Ab aacht Auer.

2. Kritt Dir soss nach eppes?
   - **A** Nee merci, ech kréien näischt.
   - **B** Nee merci, dat ass alles.
   - **C** Nee, ech kréien eppes.

3. U wiem ass et elo?
   - **A** Et ass keen do.
   - **B** Et ass net elo.
   - **C** Et ass u mir.

4. Wat kascht dat alles?
   - **A** Dat mécht zesumme 25 Euro.
   - **B** Dat ass alles an der Reklamm.
   - **C** Dat kascht haut vill.

5. Hätt Dir gär eng Plastikstut?
   - **A** Nee merci, ech hunn eng Tut.
   - **B** Jo merci, ech huele keng Tut.
   - **C** Jo, ech géif gär eng Tut.

Corrigé page 69

Module 7
VOCABULAIRE

Verbes

kréien	*recevoir*
huelen	*prendre*
kafen	*acheter*
verkafen	*vendre*
ech hätt gär + nom	*j'aimerais avoir (+ nom)*
ech géif gär + verbe	*j'aimerais (+ verbe)*
opmaachen	*ouvrir*
ophunn	*avoir ouvert*
op sinn	*être ouvert*
zoumaachen	*fermer*
zouhunn	*avoir fermé*
zou sinn	*être fermé*
kaschten	*coûter*

Noms

Kéis, Kéisen, m.	*fromage*
Ram, f.	*crème liquide*
Ham, Hamen, f.	*jambon*
Botter, m.	*beurre*
Boun, Bounen, f.	*haricot*
Apel, Äppel, m.	*pomme*
Bir, Biren, f.	*poire*
Piisch, Pijen, f.	*pêche*
Paprika, Paprikaen, f.	*poivron*
Drauf, Drauwen, f.	*raisin*
Ierbes, Ierbessen, f.	*petit pois*
Muert, Muerten, f.	*carotte*

Module 7
VOCABULAIRE

Limonad, Limonaden, f.	*limonade*
Jus, Jusen, m.	*jus*
Waasser, Waasser, n.	*eau*
Ueleg, Ueleger, m.	*huile*
Schockela, m.	*chocolat*
Kamell, Kamellen, f.	*bonbon*
Räis, m.	*riz*
Knippchen, Knippercher, f.	*praline*
Brot, Broten, m.	*rôti*
Brout, Brout, n.	*pain*
Kuch, Kuchen, m.	*gâteau*
Taart, Taarten, f.	*tarte*
Mëtsch, Mëtschen, f.	*viennoiserie*
Zooss, Zosen, f.	*sauce*
Zoossiss, Zoossissen, f.	*saucisson*
Kotelett, Koteletten, f.	*côtelette*
Poulet, Pouleten, m.	*poulet*
Lyoner, m.	*saucisson lyonnais*
Frell, Frellen, f.	*truite*
Mull, Mullen, f.	*moule*
Hierk, Hierken, m.	*hareng*
Uebst, n.	*fruits*
Geméis, n.	*légumes*
Mëllechprodukt, Mëllechproduiten, m.	*produits laitiers*
Gedrénks, n.	*boissons*
Fësch, Fësch, m.	*poisson*
Fleesch, n.	*viande*
Bäckerei, Bäckereien, f.	*boulangerie*

Module 7
VOCABULAIRE

Metzlerei, Metzlereien, f.	*boucherie*
Buttek, Butteker, m.	*magasin*
Pak, Päck, m.	*paquet*
Béchs, Béchsen, f.	*boîte de conserve*
Glas, Glieser, n.	*verre*
Stéck, Stécker, n.	*morceau, pièce*
Fläsch, Fläschen, f.	*bouteille*
Tüb, Tüben, m. / f.	*tube*
Dëppchen, Dëppercher, n.	*petit pot*
Dosen, Dosen, f.	*douzaine*
Tut, Tuten, f.	*sac, sachet*
Tranche, Tranchen, f.	*tranche*

Locutions / phrases essentielles

Soss nach eppes?	*Autre chose ?*
Dat ass alles.	*C'est tout.*
U wiem ass et?	*À qui le tour ?*
Et ass u mir.	*C'est mon tour.*
riichtduerch	*sans interruption*
alles	*tout*
näischt	*rien*
vill	*beaucoup*
wéineg	*peu*

Prépositions

vun ... bis ...	*de ... à ...*
um	*à (heure)*
ausser	*excepté*

Module 7
CORRIGÉ

Les bases

PAGE 58
Le vocabulaire des aliments
1 **C** 2 **A** 3 **B** 4 **D** 5 **C** 6 **A** 7 **A** 8 **D**

PAGES 58 - 59
Le vocabulaire des emballages
1 **A** 2 **C** 3 **B** 4 **C** 5 **A** 6 **C** 7 **A** 8 **C**

PAGES 59 - 60
Le vocabulaire des magasins
1 **A** 2 **C** 3 **B** 4 **B** 5 **C**

PAGES 60 - 62
Les verbes utiles : **kréien, huelen, kafen, verkafen**
1 **A** 2 **B** 3 **C** 4 **B** 5 **C** 6 **B** 7 **C** 8 **B**
1 **B** 2 **C** 3 **B** 4 **B** 5 **A** 6 **C** 7 **B** 8 **C**
1 **C** 2 **B** 3 **C** 4 **B** 5 **C** 6 **B** 7 **A** 8 **B**

PAGES 62 - 63
Le pluriel des mots
1 **B** 2 **C** 3 **A** 4 **B** 5 **C** 6 **A** 7 **A** 8 **C**

PAGES 63 - 64
Les expressions au magasin
1 **A** 2 **B** 3 **C** 4 **A** 5 **B** 6 **C** 7 **B** 8 **A**

PAGE 64
Les horaires d'ouverture : prépositions et adverbes
1 **A** 2 **B** 3 **A** 4 **B** 5 **B** 6 **B** 7 **B** 8 **A**

PAGE 65
Faire ses courses
1 **A** 2 **B** 3 **C** 4 **A** 5 **A**

Vous avez obtenu entre 0 et 23 ? Reprenez chaque question en regardant les endroits où vous avez fait des erreurs.

Vous avez obtenu entre 24 et 47 ? C'est très moyen, mais ne vous découragez pas.

Vous avez obtenu entre 48 et 72 ? Formidable ! Analysez les erreurs et, si besoin, révisez la ou les notions que vous ne maîtrisez pas complètement.

Vous avez obtenu 73 et plus ? Dir maacht dat wierklech tipptopp!

Module 8
LES BASES

Focus Le vocabulaire des membres de la famille

Corrigé page 79

Déterminez le pendant féminin ou masculin des noms suivants.

1. Papp
   - **A** Mamm
   - **B** Mudder

2. Schwëster
   - **A** Brudder
   - **B** Bro

3. Tatta
   - **A** Enkel
   - **B** Monni

4. Schwéiesch
   - **A** Schwéierer
   - **B** Schwoer

5. Eedem
   - **A** Eedemin
   - **B** Schnauer

6. Jong
   - **A** Meedchen
   - **B** Kand

7. Cousine
   - **A** Koseng
   - **B** Cousiner

8. Neveu
   - **A** Neveuesch
   - **B** Niess

Trouvez l'équivalent qui convient.

1. De Papp vum Papp
   - **A** Groussvatter
   - **B** Grousspapp
   - **C** Groussspa

2. D'Schwëster vum Mann
   - **A** Schnauer
   - **B** Schwéiesch
   - **C** Schwéiermamm

3. De Brudder vum Papp
   - **A** Neveu
   - **B** Cousin
   - **C** Monni

Module 8
LES BASES

4. D'Kand (masculin)
   - A Meedchen
   - B Jong
   - C Duechter

5. D'Meedche vun der Tatta
   - A Niess
   - B Cousine
   - C Schwëster

6. Papp a Mamm
   - A Kanner
   - B Geschwëster
   - C Elteren

7. Anert Kand vun den Elteren
   - A Brudder
   - B Bopa
   - C Jong

8. De Mann vum Meedchen
   - A Schwoer
   - B Jong
   - C Eedem

Focus Les articles possessifs (au nominatif et à l'accusatif)

Complétez les phrases suivantes avec l'article possessif qui convient.

Corrigé page 79

1. _____ Mamm huet 90 Joer.
   - A Mäi
   - B Menge
   - C Meng

2. Wou wunnen _____ Elteren?
   - A deng
   - B däin
   - C dengen

3. D'Anna geet bei _____ Boma iessen.
   - A seng
   - B säin
   - C senger

4. Am Summer besiche mir _____ Tatta an den USA.
   - A eisen
   - B eis
   - C eist

5. Lieft _____ Grousspapp nach?
   - A Äert
   - B Äre
   - C Ären

6. D'Eltere bréngen _____ Kand an d'Schoul.
   - A hiert
   - B hir
   - C säi

Module 8
LES BASES

7. Den Tom gesäit _____ Monni net dacks.
   - **A** säi
   - **B** seng
   - **C** hire

8. D'Madame Roob huet _____ Mann gär.
   - **A** säin
   - **B** seng
   - **C** hire

Complétez les phrases suivantes avec le mot correspondant à l'article possessif donné.

Corrigé page 79

1. Meng _____ huet 25 Joer.
   - **A** Papp
   - **B** Brudder
   - **C** Schwëster

2. Wou wunnt däi _____?
   - **A** Monni
   - **B** Tatta
   - **C** Cousine

3. Wéi ass Ären _____?
   - **A** Adress
   - **B** Telefonsnummer
   - **C** Numm

4. Wéini besiche mir eist _____?
   - **A** Kand
   - **B** Jong
   - **C** Duechter

5. Seng _____ schafft an der Stad.
   - **A** Schwëstere
   - **B** Schwëster
   - **C** Geschwëster

6. Eisen _____ ass Polizist vu Beruff.
   - **A** Niess
   - **B** Eedem
   - **C** Fils

7. Kenns du hiert _____?
   - **A** Duechter
   - **B** Meedchen
   - **C** Kanner

8. Wéi heeschen deng _____?
   - **A** Schwëster
   - **B** Geschwëster
   - **C** Brudder

Astuce L'article possessif dépend de l'« objet » possédé (qui détermine le genre et le nombre) et du « possesseur » qui détermine l'article en soi. À la 3ᵉ personne du singulier, le « possesseur » peut être masculin **(hien)**, féminin **(si)** ou neutre **(hatt)**. Au pluriel, c'est toujours **si**.

Module 7
LES BASES

6. D'Kanner _____ haut eng Glace.
   - **A** kruten
   - **B** kréien
   - **C** krinn

7. D'Madame Scholtes _____ haut keng Mëllech.
   - **A** kréis
   - **B** kriss
   - **C** kritt

8. Wat _____ hatt beim Metzler?
   - **A** kréien
   - **B** kritt
   - **C** krit

*Complétez les phrases suivantes avec le verbe **huelen** conjugué comme il convient au présent.*

Corrigé page 69

1. Ech _____ och nach e Pond Tomaten.
   - **A** hëllen
   - **B** huelen
   - **C** huel

2. Den Här Kalmes _____ ni Mëllech an de Kaffi.
   - **A** huelt
   - **B** hëllt
   - **C** hëlt

3. Wat _____ Dir als Dessert?
   - **A** hëllt
   - **B** huelt
   - **C** huelet

4. Firwat _____ du keen Zocker?
   - **A** huels
   - **B** hëls
   - **C** hëlles

5. _____ d'Anna och e Glas Schampes?
   - **A** Hëlt
   - **B** Huelt
   - **C** Hellt

6. Mir _____ eng Entrée an en Haaptplat.
   - **A** hëllen
   - **B** hollen
   - **C** huelen

7. D'Leit _____ normalerweis e Kaffi nom Iessen.
   - **A** hollen
   - **B** huelen
   - **C** hëlt

8. D'Madame Santer _____ e klengen Aperitif.
   - **A** huelt
   - **B** hëllet
   - **C** hëlt

Module 7
LES BASES

*Complétez les phrases suivantes avec les verbes **kafen** ou **verkafen** conjugués comme il convient au présent.*

Corrigé page 69

1. De Client _____ nëmme fresch Geméis.
   - **A** kaft
   - **B** kaaft
   - **C** keeft

2. Wou _____ Dir Äert Fleesch?
   - **A** keeft
   - **B** kaaft
   - **C** kafft

3. _____ de Blummebuttek och Vasen?
   - **A** Verkaaft
   - **B** Verkafft
   - **C** Verkeeft

4. Wat _____ du net am Supermarché?
   - **A** kaffs
   - **B** keefs
   - **C** kaafs

5. Op der Tankstell _____ si bal alles.
   - **A** verkaft
   - **B** verkaafen
   - **C** verkafe

6. Ech _____ ëmmer Saachen an der Reklamm.
   - **A** keefen
   - **B** kafen
   - **C** kaf

7. D'Lisa produzéiert a _____ Fantasiebijouen.
   - **A** verkeeft
   - **B** verkaaft
   - **C** verkafft

8. Mir _____ d'Eeër ëmmer beim Bauer.
   - **A** kaf
   - **B** kafen
   - **C** kaaften

Focus Le pluriel des mots

Trouvez le pluriel correct des noms suivants.

1. Pak
   - **A** Paken
   - **B** Päck
   - **C** Paks

2. Glas
   - **A** Glaser
   - **B** Glasen
   - **C** Glieser

3. Buttek
   - **A** Butteker
   - **B** Butteken
   - **C** Butteks

Module 7
LES BASES

4. Apel
   - **A** Apelen
   - **B** Äppel
   - **C** Äppelen

5. Bréitchen
   - **A** Bréitchener
   - **B** Bréitercher
   - **C** Bréidercher

6. Fësch
   - **A** Fësch
   - **B** Fëschen
   - **C** Fisch

7. Dëppchen
   - **A** Dëppercher
   - **B** Dëppcher
   - **C** Dëppenchen

8. Kuch
   - **A** Kich
   - **B** Kichen
   - **C** Kuchen

Astuce Pour former le pluriel, on ajoute très souvent **-en** ou **-er** aux mots, mais ce n'est pas une règle générale. Il existe beaucoup de formes de pluriel en luxembourgeois. Le mieux est de les apprendre par cœur.

Focus Les expressions au magasin

Corrigé page 69

Complétez les phrases suivantes avec le mot qui convient.

1. _____ wiem ass et?
   - **A** U
   - **B** A
   - **C** Fir

2. Wat _____ Dir?
   - **A** maacht
   - **B** kritt
   - **C** sot

3. Ech _____ e Kilo Tomaten.
   - **A** géif gär
   - **B** hu gär
   - **C** hätt gär

4. Kritt Dir _____ nach eppes?
   - **A** soss
   - **B** keen
   - **C** näischt

5. Ass dat _____?
   - **A** vill
   - **B** alles
   - **C** wéineg

Module 7
LES BASES

Corrigé page 69

6. Wéi vill _____ d'Orangen?
   - **A** kafen
   - **B** huelen
   - **C** kaschten

7. Ech _____ mat der Kreditkaart bezuelen.
   - **A** hätt gär
   - **B** géif gär
   - **C** hu gär

8. Dat _____ zesummen zwanzeg Euro.
   - **A** mécht
   - **B** keeft
   - **C** hëlt

Focus — Les horaires d'ouverture : prépositions et adverbes

Complétez les phrases suivantes avec le ou les mot(s) qui convien(nen)t.

1. De Buttek huet _____ moies aacht _____ owes aacht op.
   - **A** vu/bis
   - **B** ab/un

2. De Supermarché mécht samschdes _____ siwen Auer zou.
   - **A** bis
   - **B** um

3. Et ass keng Mëttespaus, et ass _____ op.
   - **A** riichtduerch
   - **B** riichtaus

4. Mir hunn all Dag _____ owes zéng Auer fir Iech op.
   - **A** um
   - **B** bis

5. De Buttek ass _____ aacht Auer _____ fir eis Clienten op.
   - **A** vun/bis
   - **B** vun/u(n)

6. De Buttek ass all Dag op, _____ sonndes.
   - **A** nëmme(n)
   - **B** ausser

7. _____ wéi vill Auer mécht den Zeitungsbuttek zou?
   - **A** Ab
   - **B** Um

8. D'Tankstell ass _____ an _____, 24 op 24, op.
   - **A** Dag/Nuecht
   - **B** moies a mëttes

Module 7
LES BASES

Focus Faire ses courses

Trouvez la réponse qui correspond aux questions posées.

1. Wéini mécht de Supermarché op?
   - Ⓐ Um aacht Auer.
   - Ⓑ Vun aacht bis zwielef.
   - Ⓒ Ab aacht Auer.

2. Kritt Dir soss nach eppes?
   - Ⓐ Nee merci, ech kréien näischt.
   - Ⓑ Nee merci, dat ass alles.
   - Ⓒ Nee, ech kréien eppes.

3. U wiem ass et elo?
   - Ⓐ Et ass keen do.
   - Ⓑ Et ass net elo.
   - Ⓒ Et ass u mir.

4. Wat kascht dat alles?
   - Ⓐ Dat mécht zesumme 25 Euro.
   - Ⓑ Dat ass alles an der Reklamm.
   - Ⓒ Dat kascht haut vill.

5. Hätt Dir gär eng Plastikstut?
   - Ⓐ Nee merci, ech hunn eng Tut.
   - Ⓑ Jo merci, ech huele keng Tut.
   - Ⓒ Jo, ech géif gär eng Tut.

Module 7
VOCABULAIRE

Verbes

kréien	*recevoir*
huelen	*prendre*
kafen	*acheter*
verkafen	*vendre*
ech hätt gär + nom	*j'aimerais avoir (+ nom)*
ech géif gär + verbe	*j'aimerais (+ verbe)*
opmaachen	*ouvrir*
ophunn	*avoir ouvert*
op sinn	*être ouvert*
zoumaachen	*fermer*
zouhunn	*avoir fermé*
zou sinn	*être fermé*
kaschten	*coûter*

Noms

Kéis, Kéisen, m.	*fromage*
Ram, f.	*crème liquide*
Ham, Hamen, f.	*jambon*
Botter, m.	*beurre*
Boun, Bounen, f.	*haricot*
Apel, Äppel, m.	*pomme*
Bir, Biren, f.	*poire*
Piisch, Pijen, f.	*pêche*
Paprika, Paprikaen, f.	*poivron*
Drauf, Drauwen, f.	*raisin*
Ierbes, Ierbessen, f.	*petit pois*
Muert, Muerten, f.	*carotte*

Module 7
VOCABULAIRE

Limonad, Limonaden, f.	*limonade*
Jus, Jusen, m.	*jus*
Waasser, Waasser, n.	*eau*
Ueleg, Ueleger, m.	*huile*
Schockela, m.	*chocolat*
Kamell, Kamellen, f.	*bonbon*
Räis, m.	*riz*
Knippchen, Knippercher, f.	*praline*
Brot, Broten, m.	*rôti*
Brout, Brout, n.	*pain*
Kuch, Kuchen, m.	*gâteau*
Taart, Taarten, f.	*tarte*
Mëtsch, Mëtschen, f.	*viennoiserie*
Zooss, Zosen, f.	*sauce*
Zoossiss, Zoossissen, f.	*saucisson*
Kotelett, Koteletten, f.	*côtelette*
Poulet, Pouleten, m.	*poulet*
Lyoner, m.	*saucisson lyonnais*
Frell, Frellen, f.	*truite*
Mull, Mullen, f.	*moule*
Hierk, Hierken, m.	*hareng*
Uebst, n.	*fruits*
Geméis, n.	*légumes*
Mëllechprodukt, Mëllechproduiten, m.	*produits laitiers*
Gedrénks, n.	*boissons*
Fësch, Fësch, m.	*poisson*
Fleesch, n.	*viande*
Bäckerei, Bäckereien, f.	*boulangerie*

Module 7
VOCABULAIRE

Metzlerei, Metzlereien, f.	*boucherie*
Buttek, Butteker, m.	*magasin*
Pak, Päck, m.	*paquet*
Béchs, Béchsen, f.	*boîte de conserve*
Glas, Glieser, n.	*verre*
Stéck, Stécker, n.	*morceau, pièce*
Fläsch, Fläschen, f.	*bouteille*
Tüb, Tüben, m. / f.	*tube*
Dëppchen, Dëppercher, n.	*petit pot*
Dosen, Dosen, f.	*douzaine*
Tut, Tuten, f.	*sac, sachet*
Tranche, Tranchen, f.	*tranche*

Locutions / phrases essentielles

Soss nach eppes?	*Autre chose ?*
Dat ass alles.	*C'est tout.*
U wiem ass et?	*À qui le tour ?*
Et ass u mir.	*C'est mon tour.*
riichtduerch	*sans interruption*
alles	*tout*
näischt	*rien*
vill	*beaucoup*
wéineg	*peu*

Prépositions

vun ... bis ...	*de ... à ...*
um	*à (heure)*
ausser	*excepté*

Module 7
CORRIGÉ

Les bases

PAGE 58
Le vocabulaire des aliments
1 **C** 2 **A** 3 **B** 4 **D** 5 **C** 6 **A** 7 **A** 8 **D**

PAGES 58 - 59
Le vocabulaire des emballages
1 **A** 2 **C** 3 **B** 4 **C** 5 **A** 6 **C** 7 **A** 8 **C**

PAGES 59 - 60
Le vocabulaire des magasins
1 **A** 2 **C** 3 **B** 4 **B** 5 **C**

PAGES 60 - 62
Les verbes utiles : **kréien, huelen, kafen, verkafen**
1 **A** 2 **B** 3 **C** 4 **B** 5 **C** 6 **B** 7 **C** 8 **B**
1 **B** 2 **C** 3 **B** 4 **B** 5 **A** 6 **C** 7 **B** 8 **C**
1 **C** 2 **B** 3 **C** 4 **B** 5 **C** 6 **B** 7 **A** 8 **B**

PAGES 62 - 63
Le pluriel des mots
1 **B** 2 **C** 3 **A** 4 **B** 5 **C** 6 **A** 7 **A** 8 **C**

PAGES 63 - 64
Les expressions au magasin
1 **A** 2 **B** 3 **C** 4 **A** 5 **B** 6 **C** 7 **B** 8 **A**

PAGE 64
Les horaires d'ouverture : prépositions et adverbes
1 **A** 2 **B** 3 **A** 4 **B** 5 **B** 6 **B** 7 **B** 8 **A**

PAGE 65
Faire ses courses
1 **A** 2 **B** 3 **C** 4 **A** 5 **A**

Vous avez obtenu entre 0 et 23 ? Reprenez chaque question en regardant les endroits où vous avez fait des erreurs.

Vous avez obtenu entre 24 et 47 ? C'est très moyen, mais ne vous découragez pas.

Vous avez obtenu entre 48 et 72 ? Formidable ! Analysez les erreurs et, si besoin, révisez la ou les notions que vous ne maîtrisez pas complètement.

Vous avez obtenu 73 et plus ? Dir maacht dat wierklech tipptopp!

Module 8
LES BASES

Focus Le vocabulaire des membres de la famille

Corrigé page 79

Déterminez le pendant féminin ou masculin des noms suivants.

1. Papp
   - **A** Mamm
   - **B** Mudder

2. Schwëster
   - **A** Brudder
   - **B** Bro

3. Tatta
   - **A** Enkel
   - **B** Monni

4. Schwéiesch
   - **A** Schwéierer
   - **B** Schwoer

5. Eedem
   - **A** Eedemin
   - **B** Schnauer

6. Jong
   - **A** Meedchen
   - **B** Kand

7. Cousine
   - **A** Koseng
   - **B** Cousiner

8. Neveu
   - **A** Neveuesch
   - **B** Niess

Trouvez l'équivalent qui convient.

1. De Papp vum Papp
   - **A** Groussvatter
   - **B** Grousspapp
   - **C** Groussspa

2. D'Schwëster vum Mann
   - **A** Schnauer
   - **B** Schwéiesch
   - **C** Schwéiermamm

3. De Brudder vum Papp
   - **A** Neveu
   - **B** Cousin
   - **C** Monni

Module 8
LES BASES

4. D'Kand (masculin)
   - **A** Meedchen
   - **B** Jong
   - **C** Duechter

5. D'Meedche vun der Tatta
   - **A** Niess
   - **B** Cousine
   - **C** Schwëster

6. Papp a Mamm
   - **A** Kanner
   - **B** Geschwëster
   - **C** Elteren

7. Anert Kand vun den Elteren
   - **A** Brudder
   - **B** Bopa
   - **C** Jong

8. De Mann vum Meedchen
   - **A** Schwoer
   - **B** Jong
   - **C** Eedem

Focus **Les articles possessifs (au nominatif et à l'accusatif)**

Complétez les phrases suivantes avec l'article possessif qui convient.

Corrigé page 79

1. _____ Mamm huet 90 Joer.
   - **A** Mäi
   - **B** Menge
   - **C** Meng

2. Wou wunnen _____ Elteren?
   - **A** deng
   - **B** däin
   - **C** dengen

3. D'Anna geet bei _____ Boma iessen.
   - **A** seng
   - **B** säin
   - **C** senger

4. Am Summer besiche mir _____ Tatta an den USA.
   - **A** eisen
   - **B** eis
   - **C** eist

5. Lieft _____ Grousspapp nach?
   - **A** Äert
   - **B** Äre
   - **C** Ären

6. D'Eltere bréngen _____ Kand an d'Schoul.
   - **A** hiert
   - **B** hir
   - **C** säi

Module 8
LES BASES

7. Den Tom gesäit _____ Monni net dacks.
   - **A** säi
   - **B** seng
   - **C** hire

8. D'Madame Roob huet _____ Mann gär.
   - **A** säin
   - **B** seng
   - **C** hire

Complétez les phrases suivantes avec le mot correspondant à l'article possessif donné.

Corrigé page 79

1. Meng _____ huet 25 Joer.
   - **A** Papp
   - **B** Brudder
   - **C** Schwëster

2. Wou wunnt däi _____?
   - **A** Monni
   - **B** Tatta
   - **C** Cousine

3. Wéi ass Ären _____?
   - **A** Adress
   - **B** Telefonsnummer
   - **C** Numm

4. Wéini besiche mir eist _____?
   - **A** Kand
   - **B** Jong
   - **C** Duechter

5. Seng _____ schafft an der Stad.
   - **A** Schwëstere
   - **B** Schwëster
   - **C** Geschwëster

6. Eisen _____ ass Polizist vu Beruff.
   - **A** Niess
   - **B** Eedem
   - **C** Fils

7. Kenns du hiert _____?
   - **A** Duechter
   - **B** Meedchen
   - **C** Kanner

8. Wéi heeschen deng _____?
   - **A** Schwëster
   - **B** Geschwëster
   - **C** Brudder

Astuce L'article possessif dépend de l'« objet » possédé (qui détermine le genre et le nombre) et du « possesseur » qui détermine l'article en soi. À la 3e personne du singulier, le « possesseur » peut être masculin **(hien)**, féminin **(si)** ou neutre **(hatt)**. Au pluriel, c'est toujours **si**.

Module 9
LES BASES

5. Mäin Noper ass al a granzeg.
   - **A** Mäin Noper ass jonk a flott.
   - **B** Mäin Noper ass jonk a fréndlech.
   - **C** Mäin Noper ass nei a schéin.

Focus La conjugaison des verbes *unhunn/undoen/ausdoen*

Corrigé page 91

Complétez les phrases suivantes avec la bonne forme du verbe.

1. De Jacques _____ säi Mantel aus.
   - **A** dot
   - **B** ditt
   - **C** deet

2. Wat _____ Dir den Owend un?
   - **A** ditt
   - **B** deet
   - **C** dott

3. _____ du eng Blus oder en T-Shirt un?
   - **A** Dos
   - **B** Dees
   - **C** Doens

4. Ech _____ net gär eng Jupe un.
   - **A** doen
   - **B** don
   - **C** deen

5. D'Isabelle _____ seng Schong doheem aus.
   - **A** dot
   - **B** deet
   - **C** doet

6. D'Kanner _____ net gär eng Mutz un.
   - **A** dinn
   - **B** don
   - **C** doten

7. Mir _____ e Kostüm un, fir an den Theater ze goen.
   - **A** doen
   - **B** doten
   - **C** daen

8. _____ d'Madame hir Jackett net aus?
   - **A** Deet
   - **B** Deetet
   - **C** Dot

Astuce Les verbes **un/doen** *(mettre un vêtement)*, **aus/doen** *(enlever un vêtement)* et **un/hunn** *(porter un vêtement)* sont des verbes séparables. Les particules **un-** et **aus-** se mettent à la fin de la phrase dans une phrase principale.

Module 9
LES BASES

Corrigé page 91

Complétez les phrases suivantes avec le verbe qui convient.

1. Ech ginn duschen, ech _____ meng Kleeder _____.
   - **A** doen/aus
   - **B** hunn/un

2. Et ass kal, ech _____ e Mantel _____.
   - **A** hunn/un
   - **B** doen/aus

3. Ech _____ keng Jackett _____, et ass waarm.
   - **A** doen/aus
   - **B** hunn/un

4. Wat _____ du dann do _____? Dat ass ganz almoudesch!
   - **A** hues/un
   - **B** dees/aus

5. Ech _____ haut eng laang Box _____.
   - **A** doen/aus
   - **B** hunn/un

6. Fir Sport ze maachen, _____ mir eng Joggingsbox _____.
   - **A** doen/un
   - **B** doen/aus

Focus Le comparatif

Complétez les phrases suivantes avec le mot qui convient. (+ plus, - moins, = pareil)

1. De Charel ass _____ (+) grouss wéi säi Papp.
   - **A** méi
   - **B** esou
   - **C** manner

2. D'Ella ass _____ (-) schéi wéi d'Bella.
   - **A** net esou
   - **B** méi
   - **C** besser

3. Säi Bauch ass _____ (+) déck wéi seng Been.
   - **A** esou
   - **B** méi
   - **C** manner

4. D'Sonia ass _____ (=) al wéi ech.
   - **A** esou
   - **B** méi
   - **C** léiwer

5. De Jos huet _____ (-) Hoer wéi de Jang.
   - **A** méi
   - **B** manner
   - **C** besser

Module 9
LES BASES

6. Meng Hoer si _____ (+) laang wéi deng.
   - **A** méi
   - **B** esou
   - **C** léiwer

7. Ech hu _____ (+) Kleeder wéi mäi Mann.
   - **A** manner
   - **B** méi
   - **C** besser

8. Seng Jupe ass _____ (-) laang wéi deng.
   - **A** net esou
   - **B** méi
   - **C** esou

Trouvez la phrase qui donne la même information que celle donnée.

Corrigé page 91

1. Claude: 1,80 m, Maurice: 1,75 m
   - **A** De Claude ass méi kleng wéi de Maurice.
   - **B** De Claude ass méi grouss wéi de Maurice.
   - **C** De Maurice ass méi grouss wéi de Claude.

2. Gilles: 80 kg, Jil: 60 kg
   - **A** De Gilles ass méi liicht wéi d'Jil.
   - **B** D'Jil weit méi wéi de Gilles.
   - **C** De Gilles ass méi schwéier wéi d'Jil.

3. Marie: 22 Joer, Maxime: 25 Joer
   - **A** D'Marie ass net esou al wéi de Maxime.
   - **B** De Maxime ass méi jonk wéi d Marie.
   - **C** De Maxime an d'Marie sinn d'selwecht al.

4 Madame Kirsch: 4 Kanner, Madame Hübsch: 2 Kanner
   - **A** D'Mme Kirsch huet méi Kanner wéi d'Mme Hübsch.
   - **B** D'Mme Hübsch huet esou vill Kanner wéi d'Mme Kirsch.
   - **C** D'Mme Kirsch huet manner Kanner wéi d'Mme Hübsch.

Module 9
VOCABULAIRE

Corrigé page 91

5 Mike: 6 Joer zu Lëtzebuerg; Teresa: 4 Joer zu Lëtzebuerg

A D'Teresa wunnt méi laang zu Lëtzebuerg wéi de Mike.

B De Mike wunnt net esou laang zu Lëtzebuerg wéi d'Teresa.

C D'Teresa wunnt net esou laang zu Lëtzebuerg wéi de Mike.

Astuce Le comparatif régulier se forme soit par **méi ... wéi ...** (supériorité), **net esou ... wéi ...** ou **manner ... wéi ...** (infériorité), ou **esou ... wéi ...** (égalité).

Verbes

unhunn	porter
undoen	mettre
ausdoen	enlever

Noms

Hoer, Hoer, n.	cheveu
Gesiicht, Gesiichter, n.	visage
Kapp, Käpp, m.	tête
Nues, Nuesen, f.	nez
A, Aen, n.	œil
Ouer, Oueren, n.	oreille
Mond, Mënner, m.	bouche
Kënn, Kënner, m.	menton
Hals, Häls, m.	cou
Hand, Hänn, f.	main
Fouss, Féiss, m.	pied
Aarm, Äerm, m.	bras
Been, Been, n.	jambe
Bauch, Bäich, m.	ventre
Schëller, Schëlleren, f.	épaule
Hutt, Hitt, m.	chapeau

Module 9
VOCABULAIRE

Mutz, Mutzen, f.	*bonnet*
Kap, Kapen, f.	*casquette*
Schal, Schalen, m.	*écharpe*
Rimm, Rimmer, m.	*ceinture*
Stiwwel, Stiwwelen, m.	*botte*
Schlapp, Schlappen, f.	*pantoufle*
Box, Boxen, f.	*pantalon*
Jupe, Juppen, f.	*jupe*
Rack, Räck, m.	*robe*
Kleed, Kleeder, n.	*robe*
Kleedungsstéck, -stécker, n.	*vêtement*
Kleeder, pl. / Gezei, n.	*vêtements*
Jackett, Jacketten, f.	*veste*
Anorak, Anoraken, m.	*anorak*
Mantel, Mäntel, m.	*manteau*
Händsch, Händschen, f.	*gant*
Krawatt, Krawatten, f.	*cravate*
Méck, Mécken, f.	*nœud papillon*
Kostüm, Kostümer, m.	*costume*
Hiem, Hiemer, n.	*chemise*
Blus, Blusen, f.	*chemisier*
T-Shirt, T-Shirten, m.	*t-shirt*
Maillot, Mailloten, m.	*maillot*

Adjectifs

grouss	*grand*
kleng	*petit*
al	*vieux*
jonk	*jeune*
schéin	*beau*
ellen	*moche*

Module 9
VOCABULAIRE

léif	*gentil*
granzeg	*grincheux*
kuerz	*court*
laang	*long*
schmuel	*fin, étroit*
breet	*large*
déck	*gros*
dënn	*maigre*
schlank	*mince*
gekrauselt	*bouclé*
glat	*lisse*
gesträift	*rayé*
getëppelt	*à pois*
karéiert	*à carreaux*
giel	*jaune*
gréng	*vert*
liicht	*léger*
schwéier	*lourd*
domm	*bête, stupide*
gescheit	*intelligent*
langweileg	*ennuyeux*
fläisseg	*travailleur*
liddereg	*paresseux*
almoudesch	*démodé*

Module 9
CORRIGÉ

Les bases

VOTRE SCORE :

PAGES 80 - 82
La déclinaison de l'adjectif (au nominatif et à l'accusatif)
1 **C** 2 **B** 3 **C** 4 **C** 5 **B** 6 **C** 7 **B**
1 **A** 2 **B** 3 **C** 4 **C** 5 **A** 6 **A** 7 **C** 8 **A**

PAGE 82
Le vocabulaire du corps et la description d'une personne
1 **C** 2 **C** 3 **B** 4 **B** 5 **A** 6 **A** 7 **B** 8 **A**

PAGES 82 - 83
Le vocabulaire des vêtements
1 **B** 2 **A** 3 **C** 4 **B** 5 **B** 6 **C** 7 **B** 8 **A**

PAGES 83 - 85
Le vocabulaire mixte
1 **B** 2 **D** 3 **B** 4 **D** 5 **B** 6 **C** 7 **A** 8 **C**
1 **B** 2 **C** 3 **B** 4 **A** 5 **B**

PAGES 85 - 86
La conjugaison des verbes **unhunn/undoen/ausdoen**
1 **C** 2 **A** 3 **B** 4 **A** 5 **B** 6 **A** 7 **A** 8 **A**
1 **A** 2 **A** 3 **B** 4 **A** 5 **A** 6 **A**

PAGES 86 - 88
Le comparatif
1 **A** 2 **A** 3 **B** 4 **A** 5 **B** 6 **A** 7 **B** 8 **A**
1 **B** 2 **C** 3 **A** 4 **A** 5 **C**

Vous avez obtenu entre 0 et 22 ? Reprenez chaque question en regardant les endroits où vous avez fait des erreurs.

Vous avez obtenu entre 23 et 46 ? C'est très moyen, mais ne vous découragez pas.

Vous avez obtenu entre 47 et 69 ? Formidable ! Analysez les erreurs et, si besoin, révisez la ou les notions que vous ne maîtrisez pas complètement.

Vous avez obtenu 70 et plus ? Dir maacht dat wierklech tipptopp!

Module 10
LES BASES

Focus Les verbes *u/ruffen* et *zeréck/ruffen*

Corrigé page 102

Complétez les phrases suivantes avec le verbe conjugué comme il convient.

1. Ech _____ dir muer zeréck.
   - A ruffen
   - B riffen
   - C rufen
   - D ruff

2. Du _____ mir ni un.
   - A ruufs
   - B riffs
   - C ruffs
   - D rufes

3. _____ den Dokter lech zeréck?
   - A Rufft
   - B Rifft
   - C Rufet
   - D Reeft

4. Mir _____ all Dag eis Elteren un.
   - A rufft
   - B ruffen
   - C rufen
   - D ruff

5. _____ Dir zeréck oder ass et gutt?
   - A Rifft
   - B Ruuft
   - C Rufft
   - D Ruffet

6. Déi Firma _____ ëmmer owes un.
   - A rufft
   - B reeft
   - C rifft
   - D rouft

7. D'Kanner _____ hiren Elteren aus der Vakanz un.
   - A ruffen
   - B riffen
   - C ruufen
   - D rufften

8. Den Här Weber _____ senger Fra dräimol den Dag un.
   - A rufft
   - B rifft
   - C rifet
   - D ruuft

Astuce Les verbes **u/ruffen** et **zeréck/ruffen** sont des verbes séparables. Les particules **un-** et **zeréck-** se mettent à la fin de la phrase dans une phrase principale. Ces verbes peuvent être suivis soit de l'accusatif soit du datif sans que cela en modifie le sens.

Focus Le verbe *loossen* (ou *hannerloossen*)

Complétez les phrases suivantes avec le verbe conjugué comme il convient.

1. Ech _____ e Message um Repondeur.
   - A looss
   - B loossen
   - C léissen

Module 10
LES BASES

2. _____ du him kee Message?
   - **A** Looss
   - **B** Loosst
   - **C** Léiss

3. Mäi Frënd _____ mir ni eng Noriicht.
   - **A** loosst
   - **B** léisst
   - **C** looss

4. Mir _____ e Message fir de Client.
   - **A** losen
   - **B** léisen
   - **C** loossen

5. _____ Dir keng Noriicht fir Är Elteren?
   - **A** Hannerlooss
   - **B** Hannerloosst
   - **C** Hannerléisst

6. D'Leit _____ net gär e Message op der Mailbox.
   - **A** hannerloossen
   - **B** hannerlooss
   - **C** hannerléissen

Astuce Il n'y a pas de différence de sens entre **E Message loossen** et **E Message hannerloossen** : *laisser un message*.

Focus Le mode impératif (singulier)

Complétez les phrases suivantes avec le verbe conjugué comme il convient à l'impératif singulier.

Corrigé page 102

1. _____ méi spéit nach eng Kéier un!
   - **A** Ruffs
   - **B** Riff
   - **C** Ruff

2. _____ um Apparat, de Paul kënnt direkt.
   - **A** Bleiw
   - **B** Bleif
   - **C** Bleiwen

3. _____ gedëlleg (patient), d'Lena rifft zeréck.
   - **A** Bass
   - **B** Sief
   - **C** Siss

4. _____ op däin Handy, et ass deng Mamm!
   - **A** Géi
   - **B** Go
   - **C** Gees

5. _____ mir däin Handy, ech muss telefonéieren!
   - **A** Gëss
   - **B** Geess
   - **C** Gëff

Module 10
LES BASES

6. _____ e Message op d'Mailbox!
   - **A** Schwätzen
   - **B** Schwätzt
   - **C** Schwätz

7. _____ däin Handy un, de Chef rifft un.
   - **A** Méch
   - **B** Maach
   - **C** Maachs

8. _____ op mat telefonéieren a schaff!
   - **A** Haals
   - **B** Huel
   - **C** Hal

Focus Le mode impératif (pluriel)

Corrigé page 102

Complétez les phrases suivantes avec le verbe conjugué comme il convient à l'impératif pluriel.

1. _____ méi spéit nach eng Kéier un!
   - **A** Rufft
   - **B** Rifft
   - **C** Ruff

2. _____ um Apparat, de Paul kënnt direkt.
   - **A** Bleiwt
   - **B** Bleif
   - **C** Bleift

3. _____ gedëlleg (patient), d'Lena rifft zeréck.
   - **A** Sidd
   - **B** Sief
   - **C** Sitt

4. _____ op Ären Handy, et ass de Chef!
   - **A** Géit
   - **B** Got
   - **C** Gitt

5. _____ mir Ären Handy, ech muss telefonéieren!
   - **A** Gëfft
   - **B** Geet
   - **C** Gitt

6. _____ e Message op d'Mailbox!
   - **A** Schwätzen
   - **B** Schwätzt
   - **C** Schwätz

7. _____ Ären Handy un, de Chef rifft un.
   - **A** Mécht
   - **B** Maacht
   - **C** Maach

8. _____ op mat telefonéieren a schafft!
   - **A** Haalt
   - **B** Huelt
   - **C** Halt

Module 10
LES BASES

Astuce La forme régulière de l'impératif singulier est le radical du verbe sans terminaison et sans pronom personnel. Celle du pluriel est le verbe à la 2ᵉ personne du pluriel sans pronom personnel. Il y a pourtant quelques exceptions au singulier à connaître par cœur.

Focus Le vocabulaire et les expressions du téléphone

Corrigé page 102

Complétez les phrases suivantes avec le mot qui convient.

1. Ech loossen e Message um _____.
   - **A** Mailbox
   - **B** Repondeur
   - **C** Computer

2. Ech loosse kee Message, ech _____.
   - **A** hänken an
   - **B** hänken op
   - **C** hänken

3. _____ wannechgelift um Apparat!
   - **A** Gitt
   - **B** Bleift
   - **C** Sidd

4. _____ wannechgelift ee Moment Gedold!
   - **A** Hutt
   - **B** Gitt
   - **C** Bleift

5. Ech hu keen _____, ech sichen d'Nummer um Internet.
   - **A** Agenda
   - **B** Telefonsbuch
   - **C** Repondeur

6. Den Här Probst ass am Moment net ze _____.
   - **A** gesinn
   - **B** erreechen
   - **C** ruffen

7. Et ass _____, ech probéieren herno nach eng Kéier.
   - **A** beschäftegt
   - **B** voll
   - **C** besat

8. Ee Moment Gedold, Äert Gespréich gëtt _____.
   - **A** gehalen
   - **B** enregistréiert
   - **C** gelooss

Module 10
LES BASES

Trouvez la phrase qui correspond au contexte donné.

1. Eng Excuse
   - **A** Et deet mir leed, ech hu mech geiert.
   - **B** Et ass besat.
   - **C** Hatt ass net do.

2. Eng Informatioun
   - **A** Rufft méi spéit zeréck.
   - **B** Äert Gespréich gëtt gehalen.
   - **C** Den Här Maier ass haut net am Büro.

3. En Uerder/eng Opfuerderung
   - **A** Eis Leitunge sinn all besat.
   - **B** Hannerloosst wgl. e Message.
   - **C** Ech héieren lech schlecht.

4. Eng Fro vun der Persoun, déi urifft.
   - **A** Wëllt Dir e Message hannerloossen?
   - **B** Kann ech e Message hannerloossen?
   - **C** Rufft méi spéit zeréck!

5. E Saz vum Standardist
   - **A** Ech géif gär e Message hannerloossen.
   - **B** Ech géif gär mam Här Jacobs schwätzen.
   - **C** Ee Moment, ech verbannen lech.

Trouvez ce que la phrase donnée exprime.

1. Bonjour, hei ass d'Sekretariat vun der Firma Boll.
   - **A** sech entschëllegen
   - **B** sech virstellen
   - **C** eppes froen

Module 10
LES BASES

2. D'Madame Scholtes schafft net méi hei.
   - A informéieren
   - B reklaméieren
   - C froen

   Corrigé page 102

3. Salut Marie, ech sinn et.
   - A eppes froen
   - B sech mellen
   - C informéieren

4. Hutt wgl. ee Moment Gedold!
   - A froen, fir ze waarden
   - B froen, fir zeréckzeruffen
   - C froen, fir e Message ze loossen

5. Ech wënschen Iech e schéinen Dag.
   - A engem Moie soen
   - B engem Äddi soen
   - C engem Merci soen

Trouvez qui parle : une machine ou un être humain ?

1. Firma Bremer, gudde Moien!
   - A Maschinn
   - B Mënsch

2. All eis Leitunge si besat.
   - A Maschinn
   - B Mënsch

3. Schwätzt nom Bip.
   - A Maschinn
   - B Mënsch

4. Kënnt Dir muer nach eng Kéier uruffen?
   - A Maschinn
   - B Mënsch

Module 10
LES BASES

5. Hei ass de Repondeur vun der Famill Schmit.
   - **A** Maschinn
   - **B** Mënsch

6. Salut, hei ass dem Marc seng Frëndin. Ass hien do?
   - **A** Maschinn
   - **B** Mënsch

7. Hannerloosst wgl. kee Message.
   - **A** Maschinn
   - **B** Mënsch

8. Den Här Weyer ass de Mëtteg um Handy ze erreechen.
   - **A** Maschinn
   - **B** Mënsch

Focus Les messages téléphoniques

Trouvez l'extrait de message qui correspond le plus à la situation ou au lieu donné(e).

Corrigé page 102

1. Am Restaurant
   - **A** Ech géif gär en Dësch fir véier Leit reservéieren.
   - **B** Ech hätt gär e Rendez-vous mam Här Diederich.
   - **C** Et geet ëm eise Rendez-vous muer den Owend.
   - **D** Ech géif gär mam Här Winandy schwätzen.

2. An der Crèche
   - **A** Ech ruffen u wéinst menge Resultater.
   - **B** Wéini maacht Dir haut op?
   - **C** D'Marie kann haut net kommen, hatt ass krank.
   - **D** Et geet ëm de Rendez-vous fir de Scanner.

3. Um Büro
   - **A** Ech hunn eng Reservatioun fir iwwermuer.
   - **B** Kéint ech Renseignementer kréien?
   - **C** Kéint d'Mme Schuh mech zeréckruffen?
   - **D** Wéini maacht Dir haut zou?

Module 10
LES BASES

4. Beim Dokter

   A Ech ruffen u wéinst de Resultater.

   B Ech sinn un der Plaz interesséiert.

   C Wéini kënne mir d'Haus kucke kommen?

   D Mir kommen zu véier.

Trouvez où les messages donnés pourraient être laissés.

Corrigé page 102

1. Et deet mer leed, ech kann haut net kommen.

   A Am Yogacours

   B Am Restaurant

   C Am Theater

2. Kéint Dir mir nach e Stadplang schécken? Meng Adress ass...

   A Beim Dokter

   B Um Touristebüro

   C Um Büro

3. Kanns du mir zeréckruffen? Et ass dréngend!

   A Bei engem Frënd

   B Am Spidol

   C An der Crèche

4. Äre Rendez-vous vun haut ass leider annuléiert.

   A Bei der Famill

   B Am Hotel

   C Bei engem Client

5. Et ass fir e Renseignement, kéint Dir mir zeréckruffen, meng Nummer ass ...

   A Op der Post

   B Op der Gemeng

   C An der Sproocheschoul

Module 10
VOCABULAIRE

Verbes

u/ruffen	*appeler au téléphone*
telefonéieren	*téléphoner*
zeréck/ruffen	*rappeler*
an/hänken	*raccrocher*
loossen/hannerloossen	*laisser (un message)*
ginn	*donner*
goen	*aller*
erreechen	*joindre*
halen	*tenir, garder*
op/halen	*arrêter*
bleiwen	*rester*
sech entschëllegen	*s'excuser*
sech/virstellen	*se présenter*
informéieren	*informer*
verbannen	*mettre en communication*
sech mellen	*se manifester*
waarden	*attendre*
sech gedëllegen	*patienter*
sech iren	*se tromper*

Noms

Mailbox, Mailboxen, f.	*boîte vocale*
Repondeur, Repondeuren, m.	*répondeur*
Computer, Computeren, m.	*ordinateur*
Gedold, f.	*patience*

Module 10
VOCABULAIRE

Gespréich, Gespréicher, n.	*conversation*
Handy, Handyen, m.	*téléphone portable*
Message, Messagen, m.	*message*
Noriicht, Noriichten, f.	*message, nouvelle*
Leitung, Leitungen, f.	*ligne*
Mënsch, Mënschen, m.	*être humain*
Maschinn, Maschinnen, f.	*machine*
Telefonsbuch, Telefonsbicher, n.	*annuaire téléphonique*

Adjectifs

besat	*occupé*
beschäftegt	*occupé (personne)*
dréngend	*urgent*

Locutions / Phrases essentielles

Äert Gespréich gëtt gehalen.	*Votre appel est en attente.*
Hutt ee Moment Gedold.	*Patientez.*
All eis Leitunge si besat.	*Toutes nos lignes sont occupées.*
Loosst e Message.	*Laissez un message.*
herno, duerno	*après*
méi spéit	*plus tard*
nach eng Kéier	*encore une fois*

Module 10
CORRIGÉ

VOTRE SCORE :

Les bases

PAGE 92
Les verbes **u/ruffen** et **zeréck/ruffen**
1 Ⓐ 2 Ⓑ 3 Ⓑ 4 Ⓑ 5 Ⓒ 6 Ⓒ 7 Ⓐ 8 Ⓑ

PAGES 92 - 93
Le verbe **loossen** (ou **hannerloossen**)
1 Ⓑ 2 Ⓒ 3 Ⓑ 4 Ⓒ 5 Ⓑ 6 Ⓐ

PAGES 93 - 94
Le mode impératif (singulier)
1 Ⓒ 2 Ⓑ 3 Ⓑ 4 Ⓐ 5 Ⓒ 6 Ⓒ 7 Ⓑ 8 Ⓒ

PAGES 94 - 95
Le mode impératif (pluriel)
1 Ⓐ 2 Ⓒ 3 Ⓐ 4 Ⓒ 5 Ⓒ 6 Ⓑ 7 Ⓑ 8 Ⓐ

PAGES 95 - 98
Le vocabulaire et les expressions du téléphone
1 Ⓑ 2 Ⓐ 3 Ⓑ 4 Ⓐ 5 Ⓑ 6 Ⓑ 7 Ⓒ 8 Ⓐ
1 Ⓐ 2 Ⓒ 3 Ⓑ 4 Ⓑ 5 Ⓒ
1 Ⓑ 2 Ⓐ 3 Ⓑ 4 Ⓐ 5 Ⓑ
1 Ⓑ 2 Ⓐ 3 Ⓐ 4 Ⓑ 5 Ⓐ 6 Ⓑ 7 Ⓐ 8 Ⓑ

PAGES 98 - 99
Les messages téléphoniques
1 Ⓐ 2 Ⓒ 3 Ⓒ 4 Ⓐ
1 Ⓐ 2 Ⓑ 3 Ⓐ 4 Ⓒ 5 Ⓒ

Vous avez obtenu entre 0 et 20 ? Reprenez chaque question en regardant les endroits où vous avez fait des erreurs.

Vous avez obtenu entre 21 et 41 ? C'est très moyen, mais ne vous découragez pas.

Vous avez obtenu entre 42 et 63 ? Formidable ! Analysez les erreurs et, si besoin, révisez la ou les notions que vous ne maîtrisez pas complètement.

Vous avez obtenu 64 et plus ? Dir maacht dat wierklech tipptopp!

Module 11
LES BASES

Focus — Prendre un rendez-vous

Corrigé page 111

Complétez les phrases suivantes avec le verbe qui convient.

1. Ech muss mäi Rendez-vous op e Méindeg _____.
   - **A** annuléieren
   - **B** verleeën
   - **C** ofsoen

2. Ech ka muer net kommen. Ech muss mäi Rendez-vous _____.
   - **A** ofmaachen
   - **B** versetzen
   - **C** ofsoen

3. Bonjour, ech géif gär e Rendez-vous mat der Madame Chaves _____.
   - **A** hunn
   - **B** ofmaachen
   - **C** ofleeën

4. Känne mir eise Rendez-vous vun e Mëttwoch op e Freideg _____?
   - **A** ofsoen
   - **B** ofmaachen
   - **C** verréckelen

5. Et deet mer leed, mee Dir kënnt dee Rendez-vous net _____, et ass ze spéit.
   - **A** ofmaachen
   - **B** annuléieren
   - **C** kréien

Trouvez quelle fin de phrase n'est pas correcte.

1. Ech hätt gär e Rendez-vous fir _____.
   - **A** eng Kontroll beim Dokter
   - **B** muer de Moien
   - **C** ze verleeën

2. Kéint ech mäi Rendez-vous _____?
   - **A** mam Här Keller verleeën
   - **B** vum Freideg annuléieren
   - **C** fir d'nächst Woch hunn

3. Ass d'nächst Woch _____?
   - **A** moies méiglech
   - **B** de Rendez-vous ze hunn
   - **C** nach eppes fräi

Module 11
LES BASES

4. Et ass fir mäi Rendez-vous _____.
   - A d'nächst Woch ze ginn
   - B beim Dokter Glesener ofzesoen
   - C op e Freideg ze verleeën

5. Ech bräicht dréngend e Rendez-vous _____.
   - A fir eng Kontroll
   - B mam Personalchef
   - C fir ofzesoen

Trouvez la réponse qui correspond aux questions posées.

Corrigé page 111

1. Wéini kënnt Dir kommen?
   - A Vu moies bis owes.
   - B Bei den Dokter.
   - C Nëmme moies.

2. Geet et iech och nomëttes?
   - A Moies schaffen ech.
   - B Nee, just moies.
   - C Ech schaffe mëttwochs net.

3. Mat wiem hat Dir e Rendez-vous?
   - A Mam Här Klein.
   - B Um dräi Auer.
   - C Iwwert Internet.

4. Op wéini wëllt Dir de Rendez-vous verleeën?
   - A Op gëschter Moien.
   - B Op nächste Méindeg.
   - C Op meng Vakanz.

Module 11
LES BASES

5. Ass et dréngend?

   A Nee, ech hunn immens wéi.

   B Nee, et ass fir d'éischt.

   C Nee, et ass fir eng Kontroll.

Astuce Dans ce genre de conversation, on utilise souvent le conditionnel pour marquer la politesse : **ech bräicht** (brauchen, *avoir besoin de*), **ech hätt gär** (hunn, *j'aimerais avoir*), **kéint ech** (kënnen, *pouvoir, pourrais-je ?*), **ech géif gär** (ginn, *auxiliaire pour le conditionnel, j'aimerais* + verbe).

Focus Faire une proposition

Complétez les phrases suivantes avec le(s) mot(s) manquant(s) qui convien(nen)t.

1. Hues du _____, mat an de Kino ze goen?

   A Suen   **B** Loscht   **C** Vakanz

2. _____ mir muer an den Theater goen?

   A Solle   **B** Däerfe   **C** Kënne

3. Wat soll ech op d'Party _____?

   A matgoen   **B** mathuelen   **C** undoen

4. Mir mussen e Kaddo maachen. _____ engem Kaddosbong?

   A Wéi wier et mat   **B** Wéi fënns du   **C** Wat kascht

5. D'Lisa huet Gebuertsdag. Mir _____ him e Kaddosbong schenken.

   A sollten   **B** kéinten   **C** missten

Trouvez la question qui complète logiquement la phrase.

Corrigé page 111

1. Mir ginn an de Kino.

   A Gees du mat?

   B Wat fir e Film ass gutt?

   C Kenns du e gudde Film?

Module 11
LES BASES

Corrigé page 111

2. De Jos huet an engem Mount Gebuertsdag.
   - A Hie kritt 40 Joer?
   - B Solle mir eng Party maachen?
   - C Soll hien eng Party maachen?

3. Mir ginn den Owend an de Restaurant.
   - A Hues du Loscht, matzegoen?
   - B Reservéiers du och en Dësch?
   - C Wat wëlls du iessen?

4. Ech fueren de Mëtteg an d'Stad.
   - A Fiers du mat?
   - B Hëls du de Bus?
   - C Wat méchs du?

5. Ech maache mir e Kaffi.
   - A Drénks du de Kaffi schwaarz?
   - B Wëlls du och een?
   - C Wou ass den Zocker?

Trouvez la réponse (positive ou négative) qui correspond aux questions posées.

1. Solle mir de Weekend an de Musée goen?
   - A Jo, dat ass eng super Iddi.
   - B Nee, Dir sollt dat net maachen.
   - C Jo, mir sollen.

2. Soll de Pit dech siche kommen?
   - A Jo, ech fuere mam Bus.
   - B Nee, ech fuere mam Bus.
   - C Nee, hie sicht mech net.

Module 11
LES BASES

3. Soll ech dech mam Auto mathuelen?
   - **A** Dat wär léif.
   - **B** Ech fuere mam Auto.
   - **C** Ech fueren heem.

4. Solle mir en Dessert matbréngen?
   - **A** Jo, ech hunn en Dessert kaaft.
   - **B** Nee Merci, ech hunn alles.
   - **C** Nee Merci, dat ass net gutt.

5. Soll d'Carole Iech heemféieren?
   - **A** Jo, hatt fiert elo heem.
   - **B** Nee Merci, ech kann net fueren.
   - **C** Nee Merci, ech huelen en Taxi.

Corrigé page 111

Focus Accepter ou refuser une invitation

Complétez les phrases suivantes avec le(s) mot(s) qui convien(nen)t.

1. Ech ka _____ net matkommen.
   - **A** leider
   - **B** gëschter
   - **C** ni

2. Et deet mir _____, mee ech hu keng Zäit.
   - **A** wéi
   - **B** leed
   - **C** gutt

3. Et ass _____, mee ech kann net matgoen.
   - **A** wierklech
   - **B** schued
   - **C** elo

4. Merci fir d'Invitatioun, ech komme _____.
   - **A** guer net
   - **B** mat Zäit
   - **C** ganz gär

5. Dat ass bestëmmt e super Concert. Merci fir _____.
   - **A** d'Aluedung
   - **B** den Ticket
   - **C** d'Party

Module 11
LES BASES

Corrigé page 111

Complétez les phrases suivantes avec le pronom qui convient.

1. Ech ginn op dem Lea seng Party. Hatt huet _____ invitéiert.
   - **A** mir
   - **B** mech
   - **C** ech
   - **D** sech

2. De Leo geet och mat. D'Lisa huet _____ och invitéiert.
   - **A** hien
   - **B** si
   - **C** him
   - **D** sech

3. Kënns du net? Huet hatt _____ net invitéiert?
   - **A** dech
   - **B** dir
   - **C** sech
   - **D** iech

4. Mir bleiwen doheem. Hatt huet _____ net invitéiert.
   - **A** mir
   - **B** eis
   - **C** mech
   - **D** sech

5. Christophe an Alex, huet hatt _____ och invitéiert?
   - **A** iech
   - **B** sech
   - **C** si
   - **D** hinnen

*Déterminez s'il s'agit d'accepter **(unhuelen)** ou de refuser **(refuséieren)** une proposition/une invitation.*

1. Ech géif gär matgoen, mee ech hu keng Zäit.
   - **A** unhuelen
   - **B** refuséieren

2. Dat ass eng super Iddi, wéini gi mir?
   - **A** unhuelen
   - **B** refuséieren

3. Villmools Merci, ech freeë mech immens.
   - **A** unhuelen
   - **B** refuséieren

4. Et deet mir leed, mee ech hunn deen Dag schonn eppes.
   - **A** unhuelen
   - **B** refuséieren

5. Ech fannen dat immens léif, ech komme gär mat.
   - **A** unhuelen
   - **B** refuséieren

Module 11
VOCABULAIRE

Trouvez la forme correcte des verbes au conditionnel.

1. Ech (brauchen) e Rendez-vous beim Dokter.
   - **A** bräichten
   - **B** bräicht
   - **C** brauchen
   - **D** brauch

2. (Hunn) Dir gär e Rendez-vous fir moies oder mëttes?
   - **A** Hutt
   - **B** Hat
   - **C** Hätt
   - **D** Hättet

3. De Paul (ginn) och gär mat an de Kino goen.
   - **A** géift
   - **B** gëtt
   - **C** géif
   - **D** géifen

4. (Kënnen) mir fir muer en Dësch reservéieren?
   - **A** Kéinte
   - **B** Kënnte
   - **C** Kënne
   - **D** Kéint

5. (Ginn) Dir gär Äre Rendez-vous beim Coiffer ofsoen?
   - **A** Géifen
   - **B** Gitt
   - **C** Géift
   - **D** Geet

Verbes

huelen	*prendre*
kréien	*avoir, recevoir*
ginn	*donner*
ofsoen	*annuler*
annuléieren	*annuler*
verleeën	*reporter*
verréckelen	*reporter*
ofmaachen	*fixer*
wéi hunn	*avoir mal*
mathuelen	*emmener*
matbréngen	*amener*
matgoen	*aller (avec), accompagner*
matkommen	*venir (avec), accompagner*

Module 11
VOCABULAIRE

siche kommen	venir chercher
siche goen	aller chercher
sichen	chercher
kafen	acheter
kaaft	acheté (participe passé)
fannen (du fënns, hie fënnt)	trouver
heemféieren	conduire à la maison/chez soi
invitéieren	inviter
alueden	inviter

Noms

Rendez-vous, Rendez-vousen, m.	rendez-vous
Kontroll, Kontrollen, f.	contrôle
Taxi, Taxien, m.	taxi
Loscht, f.	envie
Kaffi, Kaffien, m.	café
Zocker, m.	sucre
Kaddo, Kaddoen, m.	cadeau
Bong, Bongen, m.	bon
Invitatioun, Invitatiounen, f.	invitation
Aluedung, Aluedungen, f.	invitation

Module 11
CORRIGÉ

VOTRE SCORE :

Les bases

PAGES 103 - 105
Prendre un rendez-vous
1 **B** 2 **C** 3 **B** 4 **C** 5 **B**
1 **C** 2 **C** 3 **B** 4 **A** 5 **C**
1 **C** 2 **B** 3 **A** 4 **B** 5 **C**

PAGES 105 - 107
Faire une proposition
1 **B** 2 **A** 3 **B** 4 **A** 5 **B**
1 **A** 2 **B** 3 **A** 4 **A** 5 **B**
1 **A** 2 **B** 3 **A** 4 **B** 5 **C**

PAGES 107 - 109
Accepter ou refuser une invitation
1 **A** 2 **B** 3 **B** 4 **C** 5 **A**
1 **B** 2 **A** 3 **A** 4 **B** 5 **A**
1 **B** 2 **A** 3 **A** 4 **B** 5 **A**
1 **B** 2 **C** 3 **C** 4 **A** 5 **C**

Vous avez obtenu entre 0 et 15 ? Reprenez chaque question en regardant les endroits où vous avez fait des erreurs.

Vous avez obtenu entre 16 et 33 ? C'est très moyen, mais ne vous découragez pas.

Vous avez obtenu entre 34 et 48 ? Formidable ! Analysez les erreurs et, si besoin, révisez la ou les notions que vous ne maîtrisez pas complètement.

Vous avez obtenu 49 et plus ? Dir maacht dat wierklech tipptopp!

Module 12
LES BASES

Focus — Quelques verbes irréguliers

Corrigé page 121

Complétez les phrases suivantes avec la forme correcte des verbes irréguliers.

1. Moies _____ de Pierre de Bus.
   - **A** huelt
   - **B** hëlt
   - **C** huelet
   - **D** hëltet

2. Mëttes _____ hien an der Kantin.
   - **A** iessen
   - **B** iesst
   - **C** ësst
   - **D** iesset

3. Owes _____ hie seng Frënn.
   - **A** gesitt
   - **B** gesinn
   - **C** geseet
   - **D** gesäit

4. Hie _____ säi Brout beim Bäcker.
   - **A** kaaft
   - **B** kafft
   - **C** keeft
   - **D** kafet

5. Hie _____ vill Sport.
   - **A** maacht
   - **B** mëscht
   - **C** mascht
   - **D** mécht

Complétez les phrases suivantes avec le verbe qui convient.

1. Mir _____ immens gutt am Bett.
   - **A** iessen
   - **B** schlofen
   - **C** froen
   - **D** schaffen

2. D'Anna _____ en Taxi fir heem.
   - **A** fiert
   - **B** mécht
   - **C** hëlt
   - **D** keeft

3. _____ du deng Elteren all Woch?
   - **A** Ëss
   - **B** Gees
   - **C** Gesäis
   - **D** Sees

4. Wat fir e Film _____ am Kino?
   - **A** gesäit
   - **B** leeft
   - **C** gëtt
   - **D** mécht

5. _____ du d'Uebst am Supermarché oder um Maart?
   - **A** Keefs
   - **B** Riffs
   - **C** Ëss
   - **D** Gëss

Module 12
LES BASES

Focus Les verbes réfléchis

Complétez les phrases suivantes avec le pronom réfléchi qui convient.

1. De Marc raséiert _____ all Moien.
   - A sech
   - B hien
   - C him

2. Ech kucke _____ laang am Spigel.
   - A sech
   - B mech
   - C mir

3. Schminkt dir _____ all Dag?
   - A sech
   - B iech
   - C lech

4. Du wäschs _____ net dacks genuch.
   - A dir
   - B dech
   - C sech

5. D'Kanner langweilen _____ ouni d'Tëlee.
   - A hinnen
   - B sech
   - C si

Corrigé page 121

Complétez les phrases suivantes avec la combinaison de mots qui convient.

1. _____ entschëllegt _____ fir säi Retard.
   - A Hatt / sech
   - B Si / si
   - C Si / sech

2. _____ ameséieren _____ immens gutt op der Party.
   - A Ech / mir
   - B Mir / sech
   - C Mir / eis

3. Dot _____ gär schick un?
   - A Dir / sech
   - B Dir / Iech
   - C Hien / sech

4. _____ tommele _____ net gär.
   - A Ech / mir
   - B Ech / mech
   - C Mir / eis

5. Sonndes schminke _____ ni.
   - A hatt / sech
   - B si / sech
   - C ech / mir

6. _____ këmmers _____ gär ëm d'Kanner.
   - A Du / dir
   - B Du / dech
   - C Du / iech

Module 12
LES BASES

> **Astuce** Les « vrais » verbes pronominaux ou réfléchis se composent toujours avec un pronom réfléchi, comme **sech këmmeren** *(s'occuper de)*, **sech tommelen** *(se dépêcher)*.

Complétez les phrases suivantes avec la particule qui convient.

Corrigé page 121

1. Moies no der Dusch doe mir eis _____.
   - **A** un
   - **B** aus
   - **C** an

2. Et ass kal. Mir maachen d'Fënster _____.
   - **A** zou
   - **B** un
   - **C** op

3. Mir lauschtere gär Musek. Mir maachen de Radio _____.
   - **A** aus
   - **B** an
   - **C** un

4. Mir ginn aus dem Haus. Mir spären d'Dier _____.
   - **A** ab
   - **B** op
   - **C** zou

5. Et ass 7 Auer. Du muss elo _____ stoen.
   - **A** op
   - **B** an
   - **C** aus

6. Kommt séier. De Cours fänkt _____!
   - **A** an
   - **B** un
   - **C** op

7. Ech kommen no der Aarbecht direkt _____.
   - **A** fort
   - **B** un
   - **C** heem

8. Um wéi vill Auer fiert den Zuch _____?
   - **A** of
   - **B** ewech
   - **C** fort

> **Astuce** L'accent tonique porte toujours sur les préfixes des verbes à particules séparables.

Module 12
LES BASES

Conjuguez les verbes à l'infinitif entre parenthèses comme il convient au présent.

1. Ech däerf de Bus net (verpassen).
   - **A** Ech passen de Bus net ver.
   - **B** Ech net verpassen de Bus.
   - **C** Ech verpassen de Bus net.

Corrigé page 121

2. Hie muss sech no der Dusch (ofdréchnen).
   - **A** Hien ofdréchent sech no der Dusch.
   - **B** Hien no der Dusch dréchent sech of.
   - **C** Hien dréchent sech no der Dusch of.

3. Firwat musst Dir Iech (entschëllegen)?
   - **A** Firwat schëllegt Dir Iech ent?
   - **B** Firwat entschëllegt Dir Iech?
   - **C** Firwat entschëllegt Iech Dir?

4. Gees du deng Eltere muer (besichen)?
   - **A** Sichs du deng Eltere muer be?
   - **B** Besichs du deng Eltere muer?
   - **C** Be du sichs deng Eltere muer?

5. Wéini gi mir (akafen)?
   - **A** Wéini kafe mir an?
   - **B** Wéini akafe mir?
   - **C** Wéini mir akafen?

6. Ech wëll mäin Auto elo (verkafen).
   - **A** Ech kafe mäin Auto elo ver.
   - **B** Ech elo verkafe mäin Auto.
   - **C** Ech verkafen elo mäin Auto.

Module 12
LES BASES

Complétez les phrases suivantes avec le verbe qui correspond à la particule soulignée.

1. Et ass waarm, mir _____ d'Fënster <u>op</u>.
   - A huelen
   - B maachen
   - C doen

   Corrigé page 121

2. Ech ginn op eng Party, wat soll ech <u>un</u> _____?
   - A doen
   - B zéien
   - C hunn

3. Wéi ass deng Telefonsnummer? Ech _____ dir herno <u>un</u>.
   - A ruffen
   - B schellen
   - C telefonéieren

4. Et ass 11 Auer, ech muss elo <u>heem</u> _____.
   - A sinn
   - B kommen
   - C fueren

5. Um wéi vill Auer _____ de Film <u>un</u>?
   - A fänkt
   - B ass
   - C mécht

6. Wéini _____ d'Butteker sonndes <u>op</u>? Um 9 Auer?
   - A doen
   - B maachen
   - C halen

7. Samschdes _____ ech meeschtens um 10 Auer <u>op</u>.
   - A dinn
   - B ginn
   - C stinn

8. Den 1. Januar _____ ech <u>op</u> ze fëmmen.
   - A ginn
   - B halen
   - C fänken

> **Astuce** Les verbes **ufänken** *(commencer)* et **ophalen** *(arrêter)* sont généralement suivis par des verbes à l'infinitif introduits par **ze**. Les particules séparables **u(n)** et **op** ne se placent alors pas en fin de phrase, mais avant l'infinitif introduit par **ze**. Par exemple : **Ech fänken un ze fëmmen / Ech halen op ze fëmmen**.

Focus La proposition infinitive *fir ... ze ...*

Complétez les phrases suivantes avec la proposition infinitive qui convient.

1. Ech ruffen am Restaurant un, _____.
   - A fir ze reservéieren en Dësch
   - B fir ze en Dësch reservéieren
   - C fir en Dësch ze reservéieren

Module 12
LES BASES

2. Mir huelen de Bus, _____.
   - **A** fir schaffen ze fueren
   - **B** fir ze fuere schaffen
   - **C** fir fueren ze schaffen

Corrigé page 121

3. De Jacques rifft am Sekretariat un, _____.
   - **A** fir säi Rendez-vous ze annuléieren
   - **B** fir ze annuléiere säi Rendez-vous
   - **C** fir ze säi Rendez-vous annuléieren

4. D'Jeanne kuckt sech am Spigel, _____.
   - **A** fir ze schminken sech
   - **B** fir sech ze schminken
   - **C** fir ze sech schminken

5. Ech schreiwen den Numm op, _____.
   - **A** fir net ze vergiessen en
   - **B** fir en net ze vergiessen
   - **C** fir ze net vergiessen en

Complétez les phrases suivantes avec le verbe qui convient.

1. Mir wëllen eis an de Cours _____.
   - **A** uschreiwen **B** aschreiwen **C** opschreiwen **D** umellen

2. D'nächst Woch fuere mir op Berlin, eis Frënn _____.
   - **A** versichen **B** sichen **C** besichen **D** kucken

3. Passt op, dass Dir de Schlëssel net _____.
   - **A** verléiert **B** verpasst **C** oppasst **D** vermësst

4. D'Wieder ass net schéin; mee _____ hëlleft näischt.
   - **A** opreegen **B** zoureegen **C** ureegen **D** beweegen

Module 12
LES BASES

5. Wéini _____ mir endlech d'Pizzaen?

   A opstelle   **B** stelle   **C** verstelle   **D** bestelle

Complétez les phrases suivantes avec la proposition infinitive qui convient.

1. Du gees op d'Gemeng, _____.

   A fir unzemellen dech

   B fir dech ze umellen

   C fir dech unzemellen

   Corrigé page 121

2. Mir ginn an d'Buedzëmmer, _____.

   A fir eis Kleeder unzedoen

   B fir unzedoen eis Kleeder

   C fir eis Kleeder ze undoen

3. Tommel dech, _____.

   A fir de Bus net verzepassen

   B fir net ze verpassen de Bus

   C fir de Bus net ze verpassen

4. Si ginn an de Supermarché, _____.

   A fir d'Woch anzekafen

   B fir fir d'Woch anzekafen

   C fir anzekafe fir d'Woch

5. De Claude leet den Handy ewech, _____.

   A fir besser opzepassen

   B fir ze oppasse besser

   C fir besser ze oppassen

Module 12
VOCABULAIRE

Verbes

froen	*demander*
gesinn	*voir*
huelen	*prendre*
iessen	*manger*
kafen	*acheter*
lafen	*courir*
maachen	*faire*
ruffen	*appeler*
schlofen	*dormir*
sech ameséieren	*s'amuser*
sech entschëllegen	*s'excuser*
sech këmmeren (ëm)	*s'occuper de*
sech langweilen	*s'ennuyer*
sech ofdréchnen	*se sécher*
sech schminken	*se maquiller*
sech tommelen	*se dépêcher*
sech umellen	*se registrer*
sech undoen	*s'habiller*
sech wäschen	*se laver*
akafen	*faire des courses*
ausmaachen	*éteindre*
ewechleeën	*mettre de côté*
fortfueren	*partir*
heemkommen	*rentrer*
ophalen	*arrêter*

Module 12
VOCABULAIRE

opmaachen	*ouvrir*
oppassen	*faire attention*
opschreiwen	*noter*
opstoen	*se lever*
ufänken	*commencer*
umaachen	*allumer*
uruffen	*appeler, téléphoner*
zoumaachen	*fermer*
zouspären	*fermer à clé*
bestellen	*commander*
vergiessen	*oublier*
vermëssen	*regretter l'absence (de)*
verpassen	*rater*

Noms

Dusch, Duschen, f.	*douche*
Pizza, Pizzaen, f.	*pizza*

Locutions / Adverbes

genuch	*assez*
dacks	*souvent*
herno	*après*
meeschtens	*le plus souvent*
endlech	*finalement*

Module 12
CORRIGÉ

Les bases

VOTRE SCORE :

PAGE 112
Quelques verbes irréguliers
1 **B** 2 **C** 3 **D** 4 **C** 5 **D**
1 **B** 2 **C** 3 **C** 4 **B** 5 **A**

PAGES 113 - 116
Les verbes réfléchis
1 **A** 2 **B** 3 **B** 4 **B** 5 **B**
1 **A** 2 **C** 3 **B** 4 **B** 5 **B** 6 **B**
1 **A** 2 **A** 3 **C** 4 **C** 5 **A** 6 **B** 7 **C** 8 **C**
1 **C** 2 **C** 3 **B** 4 **B** 5 **A** 6 **C**
1 **B** 2 **A** 3 **A** 4 **C** 5 **A** 6 **B** 7 **C** 8 **B**

PAGES 116 - 118
La proposition infinitive **fir ... ze ...**
1 **C** 2 **A** 3 **A** 4 **B** 5 **B**
1 **B** 2 **C** 3 **A** 4 **A** 5 **D**
1 **C** 2 **A** 3 **C** 4 **B** 5 **A**

Vous avez obtenu entre 0 et 18 ? Reprenez chaque question en regardant les endroits où vous avez fait des erreurs.

Vous avez obtenu entre 19 et 37 ? C'est très moyen, mais ne vous découragez pas.

Vous avez obtenu entre 38 et 56 ? Formidable ! Analysez les erreurs et, si besoin, révisez la ou les notions que vous ne maîtrisez pas complètement.

Vous avez obtenu 57 et plus ? Dir maacht dat wierklech tipptopp!

Module 13
LES BASES

Focus Le vocabulaire de la maison et des pièces

Complétez les phrases suivantes avec les prépositions et les articles qui conviennent.

1. Mir iessen all Dag _____ Kichen.
   - **A** am
   - **B** an der
   - **C** un der
   - **D** um

2. Ass däi Vëlo _____ Garage?
   - **A** op der
   - **B** am
   - **C** um
   - **D** beim

3. Haut schlofen ech _____ Stuff.
   - **A** am
   - **B** um
   - **C** bei der
   - **D** an der

4. Firwat schléifs du net _____ Schlofzëmmer?
   - **A** am
   - **B** um
   - **C** beim
   - **D** un der

5. Mir hunn eng Bibliothéik _____ Späicher.
   - **A** um
   - **B** un der
   - **C** an der
   - **D** am

6. Hutt Dir vill Wäin _____ Keller?
   - **A** um
   - **B** am
   - **C** beim
   - **D** an der

Complétez les phrases suivantes avec la pièce qui convient le mieux pour les activités données.

1. Mir iessen _____.
   - **A** am Keller
   - **B** am Buedzëmmer
   - **C** am Iesszëmmer
   - **D** an der Garage

2. Mir duschen _____.
   - **A** am Buedzëmmer
   - **B** am Kannerzëmmer
   - **C** am Keller
   - **D** an der Kichen

3. Mir schlofen _____.
   - **A** an der Garage
   - **B** am Schlofzëmmer
   - **C** am Keller
   - **D** an der Stuff

Module 13
LES BASES

4. D'Wäschmaschinn steet _____.
   - A an der Wäschkichen
   - B an der Stuff
   - C am Iesszëmmer
   - D am Schlofzëmmer

5. Mir kucken d'Télee _____.
   - A um Späicher
   - B an der Stuff
   - C an der Garage
   - D op der Toilette

Répondez aux questions posées.

Corrigé page 130

1. Wat ass keen Zëmmer am Haus?
   - A Keller
   - B Späicher
   - C Stack
   - D Stuff

2. Wat ass net dobaussen?
   - A Terrass
   - B Gaart
   - C Balcon
   - D Späicher

3. Wou schlofe mir normalerweis net?
   - A am Kannerzëmmer
   - B um Gank
   - C an der Kichen
   - D am Schlofzëmmer

4. Wou iesse mir normalerweis net?
   - A am Buedzëmmer
   - B an der Kichen
   - C an der Stuff
   - D am Iesszëmmer

5. Wat ass keng Partie vun engem Haus?
   - A Stack
   - B Lift
   - C Stroose
   - D Gank

Complétez les phrases suivantes avec le terme qui convient le mieux dans le contexte de la maison.

1. Ech wunnen um éischte _____.
   - A Gank
   - B Stack
   - C Zëmmer

2. Ech huelen ni _____, ech ginn ëmmer zu Fouss.
   - A d'Trap
   - B den Tram
   - C de Lift

Module 13
LES BASES

Corrigé page 130

3. Wéi vill _____ bezuelt Dir all Mount?
   - **A** Loun
   - **B** Pai
   - **C** Loyer

4. Ech sinn de Proprietaire, ech _____ d'Appartement un de Locataire.
   - **A** lounen
   - **B** kafen
   - **C** verlounen

5. Ass dat mat oder ouni _____ ?
   - **A** d'Chargen
   - **B** d'Suen?
   - **C** de Loyer

Complétez les phrases suivantes avec la particule ou l'adverbe qui convient.

1. Mir iessen all Dag _____ an der Kichen.
   - **A** dobannen
   - **B** dobaussen
   - **C** eran
   - **D** eraus

2. De Späicher ass _____ am Haus.
   - **A** ënnen
   - **B** erof
   - **C** erop
   - **D** uewen

3. Ech muss nach _____ an de Keller goen.
   - **A** erop
   - **B** erof
   - **C** uewen
   - **D** ënnen

4. Komm _____ , ech sinn um Späicher.
   - **A** erof
   - **B** erop
   - **C** eraus
   - **D** eran

5. Et ass kal, mir bleiwen _____ .
   - **A** eran
   - **C** dobaussen
   - **B** dobannen
   - **D** hannen

6. D'Sonn schéngt, mir ginn _____ .
   - **A** eran
   - **B** vir
   - **C** hannen
   - **D** eraus

Complétez les phrases suivantes avec le verbe qui convient.

1. Ech si krank, ech _____ dobannen.
   - **A** ginn
   - **B** lafen
   - **C** bleiwen
   - **D** fueren

Module 13
LES BASES

2. Et schellt, _____ séier erof, d'Dier opmaachen.
   - **A** laf
   - **B** bleif
   - **C** kuck
   - **D** spill

3. D'Wieder ass schéin, ech _____ gär dobaussen.
   - **A** fuere
   - **B** danze
   - **C** si
   - **D** komme

4. Et reent, d'Kanner _____ dobannen.
   - **A** maachen
   - **B** ginn
   - **C** fueren
   - **D** spillen

5. Mir mussen de Wäin erof an de Keller _____.
   - **A** droen
   - **B** goen
   - **C** maachen
   - **D** sinn

> **Astuce** Les particules **eran**, **eraus**, **erop** et **erof** s'utilisent avec des verbes de mouvement ou de déplacement ; les adverbes **bannen**, **baussen**, **ënnen**, **uewen**, **hannen** et **vir** avec des verbes de position ou qui n'expriment pas de mouvement, tels que **bleiwen** ou **sinn**.

Focus Le vocabulaire du logement

Trouvez l'intrus.

Corrigé page 130

1. Mir wunnen an _____.
   - **A** enger Villa
   - **B** engem Eefamilljenhaus
   - **C** engem Reienhaus
   - **D** enger Haaptstrooss

2. D'Famill Frank sicht en Haus _____.
   - **A** ouni Gaart
   - **B** ouni Loyer
   - **C** ouni Trapen
   - **D** ouni Keller

3. Ech wunne ganz gär _____.
   - **A** um Duerf
   - **B** an der Stad
   - **C** um Land
   - **D** an enger Wunngemeinschaft

4. Eist Haus huet _____.
   - **A** véier Stäck
   - **B** zwee Buedzëmmer
   - **C** eng Kichen
   - **D** zwou Garagen

Module 13
LES BASES

Corrigé page 130

5. Den Här Miller verlount _____.
   - **A** e Studio
   - **B** en Duplex
   - **C** en Appartementshaus
   - **D** eng 3-Zëmmer-Wunneng

Focus Les pronoms interrogatifs

Complétez les phrases suivantes avec le pronom interrogatif qui convient.

1. _____ Haus sicht Dir?
   - **A** Wat
   - **B** Wat fir
   - **C** Wat fir en
   - **D** Wat fir eng

2. _____ Loyer wëllt Dir maximal bezuelen?
   - **A** Wat fir
   - **B** Wéi vill
   - **C** Wéi
   - **D** Wat

3. _____ soll d'Haus leien?
   - **A** Wou
   - **B** Wat
   - **C** Wuer
   - **D** Wat fir

4. _____ Zëmmer soll d'Haus hunn?
   - **A** Wéi vill
   - **B** Wat
   - **C** Wéi
   - **D** Wéi fir

5. _____ Kichen hätt Dir gär?
   - **A** Wéi
   - **B** Wéi eng
   - **C** Wat eng
   - **D** Wat

Astuce On peut traduire *quel / quelle / quels / quelles* soit par **wéi en / wéi eng** soit par **wat fir en / wat fir eng** + nom.

Focus La négation

Complétez les phrases suivantes avec la négation qui convient.

1. D'Appartement huet e Balcon, mee _____ Terrass.
   - **A** net
   - **B** keng
   - **C** keen

2. Eist Haus läit eleng, mir hu _____ direkt Noperen.
   - **A** keen
   - **B** net
   - **C** keng

Module 13
LES BASES

3. Mir wëllen _____ ze vill Chargë bezuelen.
   - **A** net
   - **B** keen
   - **C** keng

4. Dat hei ass wierklech _____ rouege Wunnquartier.
   - **A** kee
   - **B** net
   - **C** keng

5. Eise Bungalow huet _____ Trapen, dat ass immens praktesch.
   - **A** keng
   - **B** keen
   - **C** net

Focus Les tâches ménagères

Corrigé page 130

Complétez les phrases suivantes avec le verbe qui convient.

1. Fir meng Kleeder ze _____, bleiwen ech an der Stuff bei der Tëlee.
   - **A** wäschen
   - **B** strecken
   - **C** spullen
   - **D** botzen

2. An eiser Wunngemeinschaft muss all Woch een aneren d'Buedzëmmer _____.
   - **A** wäschen
   - **B** spullen
   - **C** botzen
   - **D** strecken

3. Mir kachen dacks zesummen, an duerno _____ mir och zesummen d'Geschir.
   - **A** spulle
   - **B** staubsauge
   - **C** botze
   - **D** strecke

4. Sonndes mussen d'Kanner hiert Zëmmer _____.
   - **A** raumen
   - **B** strecken
   - **C** wäschen
   - **D** spullen

5. Ech botzen net am Fong, ech _____ just d'Miwwelen e bëssen.
   - **A** wäsche
   - **B** raume
   - **C**
   - **D** staubsauge

Module 13
VOCABULAIRE

Verbes

lounen	louer (locataire)
verlounen	louer (propriétaire)
schellen	sonner
lafen (et leeft)	courir
droen (et dréit)	porter
leien (et läit)	se trouver, se situer
raumen	ranger
botzen	nettoyer
wäschen	laver
strecken	repasser
stëbsen	enlever la poussière
spullen	faire la vaisselle
staubsaugen	aspirer

Noms

Keller, Keller, m.	cave
Buedzëmmer, Buedzëmmer, n.	salle de bain
Iesszëmmer, Iesszëmmer, n.	salle à manger
Garage, Garagen, m. ou f.	garage
Kannerzëmmer, Kannerzëmmer, n.	chambre pour enfants
Kichen, Kichen, f.	cuisine
Schlofzëmmer, Schlofzëmmer, n.	chambre à coucher
Schlofkummer, Schlofkummeren, f.	chambre à coucher
Wäschkichen, Wäschkichen, f.	buanderie
Stuff, Stuffen, f.	séjour
Späicher, Späicheren, m.	grenier
Toilette, Toiletten, f.	toilettes
Gank, Gäng, m.	couloir
Stack, Stäck, m.	étage
Gaart, Gäert, m.	jardin

Module 13
VOCABULAIRE

Terrass, Terrassen, f.	*terrasse*
Balcon, Balconen, m.	*balcon*
Lift, Lifter, m.	*ascenseur*
Strooss, Stroossen, f.	*rue*
Trap, Trapen, f.	*escalier*
Trapenhaus, Trapenhaiser, n.	*cage d'escalier*
Proprietaire, Proprietairen, m.	*propriétaire*
Locataire, Locatairen, m.	*locataire*
Loyer, Loyeren, m.	*loyer*
Chargen (pl.)	*charges*
Dier, Dieren, f.	*porte*
Wunngemeinschaft, Wunngemeinschaften, f.	*colocation*
Villa, Villaen, f.	*villa*
Eefamilljenhaus, Eefamilljenhaiser, n.	*maison individuelle*
Reienhaus, Reienhaiser, n.	*maison mitoyenne*
Haaptstrooss, Haaptstroossen, f.	*rue principale*
(Wunn)Quartier, Quartieren, m.	*quartier résidentiel*

Adjectifs / Adverbes

eleng	*seul*
praktesch	*pratique*
roueg	*calme*

Module 13
CORRIGÉ

Les bases

VOTRE SCORE :

PAGES 122 - 125
Le vocabulaire de la maison et des pièces
1 B 2 B 3 D 4 A 5 A 6 B
1 C 2 A 3 B 4 A 5 B
1 C 2 D 3 B 4 A 5 C
1 B 2 C 3 C 4 C 5 A
1 A 2 D 3 B 4 B 5 B 6 D
1 C 2 A 3 C 4 D 5 A

PAGES 125 - 126
Le vocabulaire du logement
1 D 2 B 3 D 4 A 5 C

PAGE 126
Les pronoms interrogatifs
1 C 2 B 3 A 4 A 5 B

PAGES 126 - 127
La négation
1 B 2 C 3 A 4 A 5 A

PAGE 127
Les tâches ménagères
1 B 2 C 3 A 4 A 5 C

Vous avez obtenu entre 0 et 17 ? Reprenez chaque question en regardant les endroits où vous avez fait des erreurs.

Vous avez obtenu entre 18 et 35 ? C'est très moyen, mais ne vous découragez pas.

Vous avez obtenu entre 36 et 50 ? Formidable ! Analysez les erreurs et, si besoin, révisez la ou les notions que vous ne maîtrisez pas complètement.

Vous avez obtenu 51 et plus ? Dir maacht dat wierklech tipptopp!

Module 14
LES BASES

Corrigé page 139

Focus Le vocabulaire du mobilier

Complétez les phrases suivantes avec le meuble que l'on ne trouve généralement pas dans la pièce indiquée.

1. An der Stuff ass normalerweis _____.
   - **A** kee Bett
   - **B** kee Stull
   - **C** keen Dësch
   - **D** kee Canapé

2. An der Kichen ass normalerweis _____.
   - **A** kee Canapé
   - **B** kee Regal
   - **C** keen Dësch
   - **D** kee Schaf

3. An der Schlofkummer ass normalerweis _____.
   - **A** kee Bett
   - **B** keng Kommoud
   - **C** kee Salonsdësch
   - **D** keen Nuetsdësch

4. Am Buedzëmmer ass normalerweis _____.
   - **A** keen Teppech
   - **B** keng Luucht
   - **C** keng Fotell
   - **D** keng Riddo

5. Am Gank ass normalerweis _____.
   - **A** kee Regal
   - **B** kee Schaf
   - **C** kee Spigel
   - **D** keen Iessdësch

Focus Les verbes de position et de déplacement

Complétez les phrases suivantes avec le verbe de position qui convient.

1. De Stull _____ beim Dësch.
   - **A** steet
   - **B** hänkt
   - **C** läit
   - **D** sëtzt

2. D'Bild _____ un der Mauer.
   - **A** steet
   - **B** hänkt
   - **C** läit
   - **D** sëtzt

3. D'Decke _____ um Bett.
   - **A** steet
   - **B** hänkt
   - **C** läit
   - **D** sëtzt

4. D'Kand _____ um Stull.
   - **A** steet
   - **B** hänkt
   - **C** läit
   - **D** sëtzt

Module 14
LES BASES

5. D'Vas _____ um Dësch.
   - A steet
   - B hänkt
   - C läit
   - D sëtzt

Complétez les phrases suivantes avec le verbe de déplacement qui convient.

1. D'Madame Chaves _____ d'Couverten op den Dësch.
   - A stellt
   - B leet
   - C setzt
   - D hänkt

2. Mir _____ de Mantel un d'Mantelbriet.
   - A stellen
   - B leeën
   - C setzen
   - D hänken

3. D'Stella _____ d'Buch op den Nuetsdësch.
   - A stellt
   - B leet
   - C setzt
   - D hänkt

4. D'Kanner _____ sech un den Dësch.
   - A stellen
   - B leeën
   - C setzen
   - D hänken

5. Ech _____ d'Buch an d'Regal.
   - A stellen
   - B leeën
   - C setzen
   - D hänken

Complétez les phrases suivantes avec le verbe (de position ou de déplacement) qui convient.

Corrigé page 139

1. D'Kanner _____ um Dësch.
   - A stellen
   - B stinn
   - C leien
   - D sëtzen

2. De Canapé _____ virun der Tëlee.
   - A stellt
   - B steet
   - C setzt
   - D sëtzt

3. D'Riddo _____ virun der Fënster.
   - A hänkt
   - B läit
   - C steet
   - D stellt

4. D'Vas _____ op der Kommoud.
   - A stellt
   - B läit
   - C steet
   - D sëtzt

5. D'Bicher _____ ënnert dem Dësch.
   - A leeën
   - B stellen
   - C hänken
   - D leien

Module 14
LES BASES

> **Astuce** Il est très important de faire la différence entre un déplacement et une position, car si les prépositions restent les mêmes, le cas qu'elles régissent change. Ainsi, après les prépositions mixtes, on utilise l'accusatif pour un déplacement et le datif pour une position.

*Complétez les phrases suivantes avec les verbes **leeën** et **leien** conjugués comme il convient au présent.*

Corrigé page 139

1. D'Hannah ass krank, hatt _____ am Bett.
   - **A** leit
   - **B** leet
   - **C** läit

2. _____ du deng Bicher op den Dësch?
   - **A** Lees
   - **B** Leis
   - **C** Läis

3. Ech _____ mech op de Canapé, fir d'Tëlee ze kucken.
   - **A** leie
   - **B** leeë
   - **C** läie

4. _____ du gär um Buedem?
   - **A** Lees
   - **B** Läis
   - **C** Lais

5. Den Etienne _____ säi Schlëssel ëmmer op d'Kommoud.
   - **A** läit
   - **B** leet
   - **C** leit

Focus Les prépositions de lieu et les prépositions mixtes

Complétez les phrases suivantes avec la préposition qui convient. Plusieurs réponses sont possibles !

1. D'Regal steet _____ der Mauer.
   - **A** un
   - **B** widdert
   - **C** bei
   - **D** op

2. D'Zeitunge leien _____ dem Dësch.
   - **A** op
   - **B** an
   - **C** iwwert
   - **D** ënnert

3. D'Still sti(nn) _____ dem Dësch.
   - **A** nieft
   - **B** an
   - **C** tëschent
   - **D** bei

4. D'Luucht steet _____ dem Eck.
   - **A** op
   - **B** bei
   - **C** an
   - **D** ënnert

Module 14
LES BASES

Corrigé page 139

5. De Lüster hänkt _____ der Fotell.
   - A nieft
   - B an
   - C iwwert
   - D op

6. D'Kachmaschinn steet _____ dem Frigo.
   - A bei
   - B nieft
   - C op
   - D an

7. Den Teppech läit _____ dem Salonsdësch.
   - A iwwert
   - B hannert
   - C ënnert
   - D op

8. D'Fotell steet _____ der Tëlee an der Fënster.
   - A un
   - B tëschent
   - C nieft
   - D op

Complétez les phrases suivantes avec la combinaison (préposition + article) ou la contraction (préposition + article) qui convient. Plusieurs réponses sont possibles !

1. De Krop hänkt _____ Dier.
   - A um
   - B un der
   - C op dem
   - D un dem

2. D'Luucht steet _____ Fënster.
   - A bei der
   - B beir
   - C beim
   - D bei dem

3. D'Kanner sti(nn) _____ Dësch.
   - A beim
   - B am
   - C an dem
   - D bei dem

4. D'Kleeder hänken _____ Schaf.
   - A an der
   - B an dem
   - C am
   - D ar

5. Den Dësch steet _____ Teppech.
   - A um
   - B un dem
   - C op dem
   - D om

Astuce Certaines prépositions peuvent former une contraction avec certains articles définis au datif : **an** + **dem** = **am**, **bei** + **dem** = **beim**, **op** + **dem** = **um**, **un** + **dem** = **um**, **virun** + **dem** = **virum**.

Module 14
LES BASES

Complétez les phrases suivantes avec la combinaison (préposition + article) ou la contraction (préposition + article) qui convient. Plusieurs réponses sont possibles !

1. Mir stellen den Dësch _____ Eck.
   - **A** un den
   - **B** an den
   - **C** am
   - **D** an dem

2. Firwat läis du de ganzen Dag _____ Canapé?
   - **A** am
   - **B** um
   - **C** virum
   - **D** beim

3. Kanns du d'Blummen _____ Vas stellen?
   - **A** an de
   - **B** an d'
   - **C** an
   - **D** am

4. Ech leeën déi al Saachen _____ Keller.
   - **A** am
   - **B** an dem
   - **C** an d'
   - **D** an de

5. Meng Kleeder hänken _____ Mantelbriet.
   - **A** um
   - **B** am
   - **C** op dem
   - **D** un dem

Trouvez la question qui correspond aux réponses données.

Corrigé page 139

1. Mir hänken d'Riddoe virun d'Fënster.
   - **A** Wou hänke mir d'Fënster?
   - **B** Wuer hänke mir d'Riddoen?
   - **C** Wou hänken d'Riddoen?

2. D'Spullmaschinn steet nieft der Wäschmaschinn.
   - **A** Wou steet d'Spullmaschinn?
   - **B** Wuer steet Spullmaschinn?
   - **C** Wou stelle mir d'Spullmaschinn?

3. De Philippe leet den Teppech an de Keller.
   - **A** Wuer leet den Teppech?
   - **B** Wou leet den Teppech?
   - **C** Wuer leet de Philippe den Teppech?

Module 14
LES BASES

4. Mir setzen eis op de gemittleche Canapé.
   - **A** Wou sëtze mir?
   - **B** Wou sëtzt Dir?
   - **C** Wuer setzt Dir Iech?

   Corrigé page 139

5. Den Alex stellt sech virun de Spigel.
   - **A** Wou steet den Alex?
   - **B** Wou stellt den Alex sech?
   - **C** Wuer stellt den Alex sech?

Astuce Attention à ne pas confondre **wou?** (position) et **wuer?** (déplacement).

Trouvez la réponse qui correspond aux questions posées.
Plusieurs réponses sont possibles !

1. Wou hänkt d'Luucht?
   - **A** Am Plafong.
   - **B** Um Plafong.
   - **C** Un de Plafong.
   - **D** Widdert dem Plafong.

2. Wuer solle mir d'Bild hänken?
   - **A** Am Eck.
   - **B** Widdert d'Mauer.
   - **C** Un d'Mauer.
   - **D** Un der Mauer.

3. Wuer leet Dir den Handy?
   - **A** Op den Dësch.
   - **B** A meng Posch.
   - **C** Nieft der Zeitung.
   - **D** Un d'Mauer.

4. Wou steet de Frigo?
   - **A** Am Keller.
   - **B** An d'Kichen.
   - **C** Am Eck.
   - **D** Op den Eck.

5. Wou sëtzen d'Kanner?
   - **A** Um Dësch.
   - **B** Op den Dësch.
   - **C** Beim Dësch.
   - **D** Um Canapé.

Module 14
VOCABULAIRE

Verbes

hänken	*accrocher, être accroché*
sëtzen	*être assis ou dans une position assise*
stoen	*être debout ou dans une position verticale*
leien	*être couché ou dans une position horizontale*
setzen	*poser*
stellen	*poser dans une position verticale*
leeën	*poser dans une position horizontale*

Noms

Bett, Better, n.	*lit*
Stull, Still, m.	*chaise*
Dësch, Dëscher, m.	*table*
Canapé, Canapéen, m.	*canapé*
Regal, Regaler, n.	*étagère*
Schaf, Schief, m.	*armoire*
Kommoud, Kommouden, f.	*commode*
Salonsdësch, Salonsdëscher, m.	*table de salon*
Nuetsdësch, Nuetsdëscher, m.	*table de nuit*
Teppech, Teppecher, m.	*tapis*
Luucht, Luuchten, f.	*lampe*
Fotell, Fotellen, f.	*fauteuil*
Riddo, Riddoen, f.	*rideau*
Spigel, Spigelen, m.	*miroir*
Iessdësch, Iessdëscher, m.	*table de salle à manger*
Bild, Biller, n.	*tableau*
Decken, Decken, f.	*couverture*
Mauer, Maueren, f.	*mur*
Vas, Vasen, f.	*vase*
Eck, Ecker, m.	*coin*
Lüster, Lüsteren, m.	*lustre*

Module 14
VOCABULAIRE

Frigo, Frigoen, m.	*réfrigérateur*
Kachmaschinn, Kachmaschinnen, f.	*cuisinière*
Spullmaschinn, Spullmaschinnen, f.	*lave-vaisselle*
Krop, Kreep, m.	*crochet*
Mantelbriet, Mantelbrieder, n.	*porte-manteau*
Buedem, Biedem, m.	*sol*
Plafong, Plafongen, m.	*plafond*

Prépositions

an	*dans, à l'intérieur de*
op	*sur*
bei	*près de*
un	*à*
nieft	*à côté de*
virun	*devant*
hannert	*derrière*
iwwert	*au-dessus*
ënnert	*sous*
tëschent	*entre*
widdert	*contre*

Module 14
CORRIGÉ

Les bases

VOTRE SCORE :

PAGE 131
Le vocabulaire du mobilier
1 **A** 2 **A** 3 **C** 4 **C** 5 **D**

PAGES 131 - 133
Les verbes de position et de déplacement
1 **A** 2 **B** 3 **C** 4 **D** 5 **A**
1 **B** 2 **D** 3 **B** 4 **C** 5 **A**
1 **D** 2 **B** 3 **A** 4 **C** 5 **D**
1 **C** 2 **A** 3 **B** 4 **B** 5 **B**

PAGES 133 - 136
Les prépositions de lieu et les prépositions mixtes
1 **A/B/C** 2 **A/D** 3 **A/D** 4 **C** 5 **A/C** 6 **A/B** 7 **C** 8 **B/C**
1 **B** 2 **A** 3 **A/D** 4 **B/C** 5 **A/C**
1 **B** 2 **B** 3 **B** 4 **D** 5 **A/D**
1 **B** 2 **A** 3 **C** 4 **C** 5 **C**
1 **B** 2 **C** 3 **A/B** 4 **A/C** 5 **A/C/D**

Vous avez obtenu entre 0 et 18 ? Reprenez chaque question en regardant les endroits où vous avez fait des erreurs.

Vous avez obtenu entre 19 et 36 ? C'est très moyen, mais ne vous découragez pas.

Vous avez obtenu entre 37 et 51 ? Formidable ! Analysez les erreurs et, si besoin, révisez la ou les notions que vous ne maîtrisez pas complètement.

Vous avez obtenu 52 et plus ? Dir maacht dat wierklech tipptopp!

Module 15
LES BASES

Focus Les prépositions et les verbes avec le datif

Complétez les phrases suivantes avec le verbe qui convient.

Corrigé page 149

1. Bonjour, wéi kann ech lech _____?
   - **A** soen
   - **B** froen
   - **C** hëllefen
   - **D** kréien

2. Ech wollt Iech eppes _____.
   - **A** ausfëllen
   - **B** umellen
   - **C** hëllefen
   - **D** froen

3. Wat kann ech fir Iech _____?
   - **A** ginn
   - **B** soen
   - **C** maachen
   - **D** hëllefen

4. Et ass fir e Renseignement ze _____.
   - **A** hunn
   - **B** soen
   - **C** kréien
   - **D** maachen

5. Kéint Dir mir e Renseignement _____?
   - **A** hunn
   - **B** ginn
   - **C** kréien
   - **D** soen

> **Astuce** Certains verbes se construisent avec l'accusatif (**kréien, maachen, hunn ...**) et d'autres avec le datif (**hëllefen, gefalen ...**). Souvent, les verbes peuvent avoir deux compléments, l'un à l'accusatif et l'autre au datif (**ginn, soen, äntweren ...**). Le verbe **froen** a quant à lui deux compléments à l'accusatif.

Complétez les phrases suivantes avec le pronom entre parenthèses au datif.

1. Kënnt Dir _____ (ech) hëllefen?
   - **A** mech
   - **B** mir
   - **C** ech

2. Si ginn _____ (mir) e Renseignement.
   - **A** mir
   - **B** eis
   - **C** mech

3. Wéi gefält et _____ (du) hei zu Lëtzebuerg?
   - **A** dech
   - **B** dir
   - **C** du

4. Dir musst _____ (hien) Är Adress soen.
   - **A** hien
   - **B** him
   - **C** hinnen

Module 15
LES BASES

5. Mir mussen _____ (si, pl.) muer äntweren.
   - **A** si
   - **B** hir
   - **C** hinne

Complétez les phrases suivantes avec le pronom entre parenthèses au datif.

1. Mir schwätze mat _____ (si, sg.) um Telefon.
   - **A** si
   - **B** hinnen
   - **C** hir

2. Mir plënnere weinst _____ (hien) an d'Ausland.
   - **A** him
   - **B** hir
   - **C** hinnen

3. Wat huet hien zu _____ (du) gesot?
   - **A** dech
   - **B** iech
   - **C** dir

4. Mir hu laang vun _____ (hatt) geschwat.
   - **A** him
   - **B** hatt
   - **C** hir

5. Ech kommen no _____ (Dir) un d'Rei.
   - **A** dir
   - **B** Iech
   - **C** dech

Astuce Certaines prépositions régissent toujours le datif (**aus, mat, no, zënter, vun, zu, wéinst, bannent, trotz**) et d'autres toujours l'accusatif (**fir, duerch, ouni, géint, ëm, ronderëm, bis, laanscht**).

Complétez les phrases suivantes avec le début qui convient.

Corrigé page 149

1. _____ war eng laang Schlaang am Guichet.
   - **A** Wéinst enger Pann
   - **B** Wéinst eng Pann
   - **C** Wéinst engem Pann

2. Mir waarden elo schonn _____.
   - **A** zënter eng Stonn
   - **B** zënter ee Stonn
   - **C** zënter enger Stonn

Module 15
LES BASES

Corrigé page 149

3. Ech géif gär _____ schwätzen!
   - **A** mat e Responsabele
   - **B** mat engem Responsabele
   - **C** mat enger Responsabelem

4. Dir musst Iech _____ umellen.
   - **A** bannent enger Mount
   - **B** bannent ee Mount
   - **C** bannent engem Mount

5. D'Guichete maachen _____ um 2 Auer erëm op.
   - **A** no d'Mëttespaus
   - **B** no dem Mëttespaus
   - **C** no der Mëttespaus

Complétez les phrases suivantes avec la préposition qui convient.

1. Mäi Mann ass net doheem, ech ginn haut _____ hien an de Kino.
   - **A** mat
   - **B** trotz
   - **C** fir
   - **D** ouni

2. Mäi Jong ass krank, ech muss _____ him bei den Dokter goen.
   - **A** duerch
   - **B** mat
   - **C** fir
   - **D** vun

3. Mäi Chef ass immens exigent, _____ him muss ech ëmmer Iwwerstonne maachen.
   - **A** vun
   - **B** ouni
   - **C** trotz
   - **D** wéinst

4. D'Clara huet Gebuertsdag, ech hunn e Kaddo _____ hatt.
   - **A** vun
   - **B** wéinst
   - **C** fir
   - **D** duerch

5. Du bass esou egozentresch, et geet ëmmer alles _____ dech!
   - **A** fir
   - **B** ëm
   - **C** mat
   - **D** wéinst

Module 15
LES BASES

Complétez les phrases suivantes avec le mot au datif ou à l'accusatif qui convient. Plusieurs réponses sont possibles !

Corrigé page 149

1. Et deet _____ leed, mee ech weess dat net.
   - **A** mir
   - **B** mech
   - **C** dir
   - **D** lech

2. Wéi schmaacht _____ de Wäin?
   - **A** dech
   - **B** dir
   - **C** lech
   - **D** si

3. Gefält de Film _____ gutt?
   - **A** him
   - **B** dengem Mann
   - **C** deng Fra
   - **D** lech

4. Entschëlleg, kanns du _____ hëllefen?
   - **A** mech
   - **B** hien
   - **C** him
   - **D** eis

5. Wat huet de Beamten _____ gefrot?
   - **A** dech
   - **B** dir
   - **C** hie
   - **D** hinne

6. Huet hien _____ de Certificat ginn?
   - **A** lech
   - **B** dech
   - **C** dir
   - **D** hinnen

7. Haut geet et _____ net immens gutt, et ass _____ schlecht.
   - **A** mech/mech
   - **B** den Här Weber/hien
   - **C** eis/eis
   - **D** dem Katia/him

8. De Beamte ka(nn) _____ d'Prozedur erklären.
   - **A** lech
   - **B** mech
   - **C** si
   - **D** hinnen

9. Kënnt Dir _____ en Handy recommandéieren?
   - **A** mir
   - **B** eis
   - **C** si
   - **D** mech

10. Kënnt Dir _____ weisen, wéi dat geet?
    - **A** mech
    - **B** him
    - **C** hinne
    - **D** hie

Module 15
LES BASES

Focus Les administrations et les pièces administratives

Corrigé page 149

Trouvez l'intrus parmi les explications données pour expliquer pourquoi on ne peut se rendre à tel ou tel endroit.

1. Ech ginn op d'Gemeng, _____.
   - **A** fir mech unzemellen
   - **B** fir mäi Führerschäin ze verlängeren
   - **C** fir eng Carte d'identité unzefroen
   - **D** fir e Certificat de résidence ze kréien

2. Ech ginn op d'Bank, _____.
   - **A** fir e Kont opzemaachen
   - **B** fir Recyclingstuten ze kréien
   - **C** fir Suen opzehiewen
   - **D** fir eng Facture ze bezuelen

3. Ech ginn op d'Post, _____.
   - **A** fir Timberen ze kafen
   - **B** fir e Pak fortzeschécken
   - **C** fir e Pass ze kréien
   - **D** fir Suen ze iwwerweisen

4. Ech ruffen op der Gesondheetskeess un, _____.
   - **A** fir e Renseignement ze kréien
   - **B** fir e Krankeschäin ze kréien
   - **C** fir eppes iwwert eng Prise en charge ze froen
   - **D** fir e Remboursement ze reklaméieren

5. Ech gi bei den Internetprovider, _____.
   - **A** fir mäi Kontrakt ze changéieren
   - **B** fir Suen ze iwwerweisen
   - **C** fir Renseignementer ze kréien
   - **D** fir ze reklaméieren

Module 15
LES BASES

Trouvez quelle question/demande ne convient pas en fonction de la situation donnée.

Corrigé page 149

1. Op der Gemeng.
   - **A** Ech hätt gär e Residenzschäin.
   - **B** Ech géif gär mäin Hond umellen.
   - **C** Ech bräicht en Internetuschloss.

2. Op der Bank.
   - **A** Ech géif gär Suen op mäi Spuerkont iwwerweisen.
   - **B** Ech bräicht eng Kopie vu mengem Gebuertsschäin.
   - **C** Ech hätt gär eng zweet Kreditkaart.

3. Op der Post.
   - **A** Muss ech dee Bréif recommandé schécken?
   - **B** Ech kommen e Pak sichen.
   - **C** Wou kréien ech hei Recyclingstuten?

4. Op der Gesondheetskeess.
   - **A** Rembourséiert Dir d'Transportkäschte fir d'Ambulanz?
   - **B** Ech brauch e Krankeschäin.
   - **C** Ass mäi Fils och am Ausland assuréiert?

Complétez les phrases suivantes avec le mot qui convient.

1. Ech ginn op d'Gemeng, fir mech _____.
   - **A** ze reklaméieren
   - **B** unzemellen
   - **C** ze froen

2. Op der Gemeng froen ech no _____.
   - **A** engem Gebuertsschäin
   - **B** engem Krankeschäin
   - **C** engem Geldschäin

3. De Beamte freet, wéi hie mir ka(nn) _____.
   - **A** umellen
   - **B** rembourséieren
   - **C** hëllefen

Module 15
VOCABULAIRE

Corrigé page 149

4. Um Bancomat kann ech _____.

   A keng Suen ophiewen   **B** keng Rechnunge bezuelen   **C** de Kontostand net kucken

5. Ech muss wichteg Dokumenter _____.

   A iwwerschreiwen   **B** ënnerschreiwen   **C** ënnerschrëften

Verbes

soen	*dire*
froen	*demander*
äntweren	*répondre*
hëllefen	*aider*
erklären	*expliquer*
weisen	*montrer*
ginn	*donner*
gefalen	*plaire*
schmaachen	*plaire (boisson ou nourriture)*
leeddoen	*faire de la peine*
waarden	*attendre*
plënneren	*déménager*
ufroen	*faire une demande*
ophiewen	*retirer (de l'argent)*
iwwerweisen	*virer (de l'argent)*
ënnerschreiwen	*signer*
reklaméieren	*se plaindre*
verlängeren	*prolonger*
rembourséieren	*rembourser*

Module 15
VOCABULAIRE

Noms

Gebuertsschäin, Gebuertsschäiner, m.	*certificat de naissance*
Führerschäin, Führerschäiner, m.	*permis de conduire*
Ausland, n.	*étranger*
Schlaang, Schlaangen, f.	*ici, file d'attente*
Guichet, Guicheten, m.	*guichet*
Pann, Pannen, f.	*panne*
Iwwerstonn, Iwwerstonnen, f.	*heure supplémentaire*
Beamten, Beamten, m.	*fonctionnaire, employé*
Prozedur, Prozeduren, f.	*procédure*
Carte d'identité, Carte-d'identitéen, f.	*carte d'identité*
Recyclingstut, Recyclingstuten, f.	*sac pour le recyclage*
Kont, Konten, m.	*compte*
Gesondheetskeess, f.	*Caisse de santé*
Krankeschäin, Krankeschäiner, m.	*certificat de maladie*
Kontrakt, Kontrakter, m.	*contrat*
Transportkäschten, pl.	*frais de transport*
Ambulanz, Ambulanzen, f.	*ambulance*
Geldschäin, Geldschäiner, m.	*billet d'argent*
Kontostand, Kontostänn, m.	*solde (du compte en banque)*

Module 15
VOCABULAIRE

Locutions

et geet ëm (+ complément à l'accusatif)	*il s'agit de*
un d'Rei kommen	*être au tour de*
dat deet mir leed	*je suis désolé*

Prépositions

aus	*de*
mat	*avec*
no	*après*
zënter	*depuis*
vun	*de*
zu	*à*
wéinst	*à cause de*
bannent	*dans un délai de*
trotz	*malgré*
fir	*pour*
duerch	*par, à travers*
ouni	*sans*
géint	*contre*
ëm	*de, autour de*
ronderëm	*autour de*
bis	*jusqu'à*
laanscht	*le long de*

Module 15
CORRIGÉ

Les bases

PAGES 140 - 143

Les prépositions et les verbes avec le datif

1 **C** 2 **D** 3 **C** 4 **C** 5 **B**
1 **B** 2 **B** 3 **B** 4 **B** 5 **C**
1 **C** 2 **A** 3 **C** 4 **A** 5 **B**
1 **A** 2 **C** 3 **B** 4 **C** 5 **C**
1 **D** 2 **B** 3 **D** 4 **C** 5 **B**
1 **A** 2 **B/C** 3 **A/B/D** 4 **C/D** 5 **A/C** 6 **A/C/D** 7 **C/D** 8 **A/D** 9 **A/B**
10 **B/C**

PAGES 144 - 146

Les administrations et les pièces administratives

1 **B** 2 **B** 3 **C** 4 **B** 5 **B**
1 **C** 2 **B** 3 **C** 4 **B**
1 **B** 2 **A** 3 **C** 4 **B** 5 **B**

Vous avez obtenu entre 0 et 15 ? Reprenez chaque question en regardant les endroits où vous avez fait des erreurs.

Vous avez obtenu entre 16 et 31 ? C'est très moyen, mais ne vous découragez pas.

Vous avez obtenu entre 32 et 47 ? Formidable ! Analysez les erreurs et, si besoin, révisez la ou les notions que vous ne maîtrisez pas complètement.

Vous avez obtenu 48 et plus ? Dir maacht dat wierklech tipptopp!

Module 16
LES BASES

Focus Les verbes *ginn* et *goen*

Corrigé page 160

Trouvez lequel de ces deux verbes est conjugué dans les phrases suivantes.

1. Ech ginn zu Fouss an d'Stad.
   - **A** ginn
   - **B** goen

2. Gitt Dir mat an de Kino?
   - **A** ginn
   - **B** goen

3. Wéi geet et Iech?
   - **A** ginn
   - **B** goen

4. Gëss du midd vum Schaffen?
   - **A** ginn
   - **B** goen

5. Mir ginn all Dag méi gescheit.
   - **A** ginn
   - **B** goen

6. Du gees gär spadséieren.
   - **A** ginn
   - **B** goen

7. Samschdes gi mir dacks akafen.
   - **A** ginn
   - **B** goen

8. Gitt dir eens mat deem Apparat?
   - **A** ginn
   - **B** goen

Astuce Au présent de l'indicatif, le paradigme de conjugaison des verbes ***ginn*** et ***goen*** est très similaire. Attention donc à ne pas les confondre.

Focus Le verbe *ginn*

*Complétez les phrases suivantes avec le verbe **ginn** conjugué comme il convient au présent.*

1. Haut _____ d'Wieder gutt.
   - **A** geet
   - **B** gëtt
   - **C** gitt

Module 16
LES BASES

2. Muer _____ et kee Reen.
   - **A** gëtt
   - **B** gëff
   - **C** geet

3. Wéini _____ du fäerdeg mat denger Aarbecht?
   - **A** gees
   - **B** gess
   - **C** gëss

4. Wie _____ den Direkter vum neien Institut?
   - **A** gitt
   - **B** gëtt
   - **C** gett

5. Wann ech näischt iessen, da _____ ech hongereg.
   - **A** goen
   - **B** ginn
   - **C** gëff

6. Mir _____ déck vun de Fritten.
   - **A** ginn
   - **B** gaan
   - **C** goen

7. Wéini _____ Dir Papp?
   - **A** got
   - **B** gitt
   - **C** geet

8. Haut _____ d'Leit méi al wéi fréier.
   - **A** ginn
   - **B** géin
   - **C** gonn

Astuce Ginn, dans le sens de *devenir*, peut être considéré comme le « futur » du verbe **sinn**. Il n'y a pas de vrai temps du futur en luxembourgeois, on l'exprime souvent en ajoutant une indication temporelle du futur comme **muer** *(demain)* ou **nächst Woch** *(la semaine prochaine)*, par exemple. Souvent la langue française utilise un verbe là où l'on utilise **ginn** + adjectif en luxembourgeois (par exemple, *rougir* : **rout ginn**, *finir/terminer* : **fäerdeg ginn**, *grossir* : **déck ginn**).

Focus *Et ass / Et sinn / Et gëtt / Et ginn*

Corrigé page 160

Complétez les phrases suivantes. Les deux réponses sont parfois possibles !

1. _____ vill Schnéi an den Alpen.
   - **A** Et gëtt
   - **B** Et ginn

2. Am Wanter _____ dacks kal.
   - **A** ass et
   - **B** gëtt et

Module 16
LES BASES

Corrigé page 160

3. _____ vill Leit op der Strooss.
   - **A** Et si
   - **B** Et ass

4. Zu Lëtzebuerg _____ kee Mier.
   - **A** ass et
   - **B** gëtt et

5. Muer _____ vill Reen.
   - **A** ass et
   - **B** gëtt et

6. _____ ganz waarm haut.
   - **A** Et gëtt
   - **B** Et ass

7. Am Summer _____ vill Donnerwiederen.
   - **A** sinn et
   - **B** ginn et

8. Wéini _____ endlech Summer?
   - **A** gëtt et
   - **B** sinn et

Astuce **Et gëtt/Et ginn** se traduisent par *Il y a* dans le sens de *Il existe*. **Et ass** : **et** correspond à un *il* impersonnel, par ex. **Et ass kal** : *Il fait froid*. Dans la phrase : **Et si vill Leit op der Strooss** *(Il y a beaucoup de personnes dans la rue)*, le **et** est une sorte de sujet artificiel qui occupe la première place dans la phrase. Lorsque l'on inverse les termes de la phrase, il disparaît : **Op der Strooss si vill Leit**.

Focus **Les saisons**

Choisissez la saison qui correspond le mieux à la météo décrite.

1. Am _____ sinn d'Blieder orange, giel, brong a rout.
   - **A** Hierscht
   - **B** Wanter
   - **C** Fréijoer
   - **D** Summer

2. Am _____ fänken d'Beem un, gréng ze ginn.
   - **A** Hierscht
   - **B** Wanter
   - **C** Fréijoer
   - **D** Summer

3. Am _____ fält dacks Schnéi an et ass ganz kal.
   - **A** Hierscht
   - **B** Wanter
   - **C** Fréijoer
   - **D** Summer

Module 16
LES BASES

4. Am _____ ass déi grouss Vakanz.
   - **A** Hierscht
   - **B** Wanter
   - **C** Fréijoer
   - **D** Summer

5. Am _____ ass et dacks ganz waarm.
   - **A** Hierscht
   - **B** Wanter
   - **C** Fréijoer
   - **D** Summer

Focus — Le vocabulaire de la météo

Corrigé page 160

Trouvez l'intrus.

1. Haut _____ de ganzen Dag.
   - **A** reent et
   - **B** schneit et
   - **C** want et

2. D'Temperature _____ op 10 Grad.
   - **A** fueren
   - **B** falen
   - **C** klammen

3. Dobaussen ass et _____.
   - **A** kal
   - **B** naass
   - **C** staark

4. Am Summer ass et _____.
   - **A** waarm
   - **B** äiseg
   - **C** schmeier

5. Den Himmel ass _____.
   - **A** gliddeg
   - **B** bedeckt
   - **C** gro

6. Bei Stuerm gëtt et vill _____.
   - **A** Loft
   - **B** Niwwel
   - **C** Wand

7. Et fält vill _____.
   - **A** Reen
   - **B** Knëppelsteng
   - **C** Schnéi

8. D'Sonn _____.
   - **A** sténkt
   - **B** geet op
   - **C** schéngt

Complétez les phrases suivantes.

1. Am Summer reent et net vill, et ass ganz _____.
   - **A** naass
   - **B** fiicht
   - **C** dréchen

Module 16
LES BASES

Corrigé page 160

2. De Wand bléist mat 100 km/h, et ass _____.
   - **A** Stuerm
   - **B** Niwwel
   - **C** Donner

3. Bei engem Donnerwieder gëtt et Donner a _____.
   - **A** Glëtz
   - **B** Blëtz
   - **C** Pëtz

4. Et si vill _____ um Himmel, den Himmel ass bedeckt.
   - **A** Sonn
   - **B** Wolleken
   - **C** Faarwen

5. An der Nuecht gëtt et kal, d'Temperature _____ op 2 Grad.
   - **A** falen
   - **B** klammen
   - **C** killen

Focus Le superlatif

Complétez les phrases suivantes avec la forme correcte du superlatif.

1. Am Wanter ass et _____.
   - **A** am kaalsten
   - **B** am keelsten
   - **C** am koolsten

2. Am Summer ass et _____.
   - **A** am wäermsten
   - **B** am waarmsten
   - **C** am wiermsten

3. Am Fréijoer reent et _____.
   - **A** am villsten
   - **B** am meeschten
   - **C** am méisten

4. Am Summer ass d'Wieder _____.
   - **A** am beschten
   - **B** am guttsten
   - **C** am bessersten

5. Bei Stuerm bléist de Wand _____.
   - **A** am stäerksten
   - **B** staarksten
   - **C** am stareksten

6. Ech hunn d'Fréijoer _____.
   - **A** am gärsten
   - **B** am léifsten
   - **C** am beschten

7. Am Summer sinn d'Temperaturen _____.
   - **A** am héijesten
   - **B** am héchsten
   - **C** am héiersten

Module 16
LES BASES

8. De Risiko fir Niwwel ass am November _____
   - **A** am gréissten
   - **B** am groussten
   - **C** am gréissersten

> **Astuce** Pour former le superlatif, on ajoute le plus souvent **-sten** à l'adjectif. Mais il y a toutefois beaucoup de formes irrégulières qu'il faut apprendre par cœur. Tous les superlatifs peuvent être utilisés comme adjectifs et se déclinent comme tels.

Complétez les phrases suivantes avec la déclinaison correcte du superlatif utilisé comme adjectif.

1. A Spuenien hate mir dat _____ Wieder.
   - **A** beschter
   - **B** bescht
   - **C** bessert

2. Am Summer kréie mir déi _____ Temperaturen.
   - **A** héijst
   - **B** héchst
   - **C** héier

3. Muer kréie mir de _____ Dag vun der Woch.
   - **A** sonnegsten
   - **B** sonnegen
   - **C** sonnegstent

4. Hei ass déi _____ Regioun vu Lëtzebuerg.
   - **A** niwwelegster
   - **B** niwweleg
   - **C** niwwelegst

5. Den August ass de _____ Mount vum Joer.
   - **A** waarmste
   - **B** wäermst
   - **C** wäermste

6. Den Hierscht ass déi _____ Joreszäit.
   - **A** reeneregst
   - **B** reenegst
   - **C** reensten

7. Dat hei ass déi _____ Plaz am Land.
   - **A** loftegste
   - **B** lëftegst
   - **C** lëftegsten

8. Déi _____ Leit fueren am Summer an d'Vakanz.
   - **A** villst
   - **B** mannst
   - **C** meescht

Corrigé page 160

Module 16
LES BASES

Focus La structure de la phrase

Complétez les phrases suivantes.

Corrigé page 160

1. Am Fréijoer _____.
   - A d'Blieder si gréng
   - B bléien d'Beem iwwerall
   - C gëtt vill sonneg Deeg

2. Den Himmel ass blo an _____.
   - A d'Sonn schéngt iwwerall
   - B et schéngt d'Sonn
   - C sonneg et ass

3. D'Blieder gi giel a _____.
   - A si fale vun de Beem
   - B fale si vun de Beem
   - C vun de Beem si falen

4. An de Bierger _____.
   - A läit et vill Schnéi
   - B schneit vill
   - C gëtt et vill Schnéi

5. An der Nuecht _____.
   - A killt et d'Temperaturen of
   - B killt et vill of
   - C killen d'Temperaturen

Module 16
LES BASES

Déterminez quelle variante de la phrase donnée est correcte.

Corrigé page 160

1. Haut schéngt d'Sonn de ganzen Dag.
   - **A** De ganzen Dag d'Sonn schéngt haut.
   - **B** D'Sonn schéngt haut de ganzen Dag.
   - **C** Haut d'Sonn schéngt de ganzen Dag.

2. Am Hierscht reent et dacks.
   - **A** Dacks et reent am Hierscht.
   - **B** Reent dacks et am Hierscht.
   - **C** Et reent dacks am Hierscht.

3. Et ass vill Niwwel an där Regioun.
   - **A** An där Regioun ass et vill Niwwel.
   - **B** An där Regioun ass vill Niwwel.
   - **C** Vill Niwwel et ass an där Regioun.

4. Et gëtt heiansdo en Donnerwieder am Summer.
   - **A** En Donnerwieder gëtt am Summer et heiansdo.
   - **B** Am Summer gëtt heiansdo en Donnerwieder.
   - **C** Heiansdo gëtt et am Summer en Donnerwieder.

5. Ech ginn am léifsten am Fréijoer an d'Vakanz.
   - **A** Am Fréijoer ech ginn am léifsten an d'Vakanz.
   - **B** Am léifste ginn ech am Fréijoer an d'Vakanz.
   - **C** An d'Vakanz am Fréijoer ginn ech am léifsten.

Module 16
VOCABULAIRE

Verbes

ginn	*devenir*
schéngen	*briller*
falen	*tomber*
reenen	*pleuvoir*
schneien	*neiger*
blosen	*souffler*
klammen	*monter*
of/killen	*se rafraîchir*
blëtzen	*avoir des éclairs*
donneren	*tonner*

Noms

Reen, m.	*pluie*
Schnéi, m.	*neige*
Wand, m.	*vent*
Loft, f.	*air*
Knëppelsteng, pl.	*grêle*
Himmel, m.	*ciel*
Wollek, Wolleken, f.	*nuage*
Stuerm, Stierm, m.	*orage*
Niwwel, m.	*brouillard*
Donner, m.	*tonnerre*
Blëtz, Blëtzer, m.	*éclair, foudre*
Sonn, Sonnen, f.	*soleil*
Temperatur, Temperaturen, f.	*température*

Module 16
VOCABULAIRE

Joreszäit, Joreszäiten, f.	*saison*
Saison, Saisonen, f.	*saison*
Fréijoer, Fréijoren, n.	*printemps*
Summer, Summeren, m.	*été*
Hierscht, Hierschter, m.	*automne*
Wanter, Wanteren, m.	*hiver*

Adjectifs

sonneg	*ensoleillé*
niwweleg	*brumeux*
bedeckt	*couvert*
waarm	*chaud*
kal	*froid*
kill	*frais*
frësch	*frais*
gliddeg	*brûlant*
schmeier	*lourd/orageux*
naass	*mouillé*
fiicht	*humide*
dréchen	*sec*
äiseg	*glacial*
héich	*élevé*
niddereg	*bas*

Module 16
CORRIGÉ

VOTRE SCORE :

Les bases

PAGE 150
Les verbes *ginn* et *goen*
1 **B** 2 **B** 3 **B** 4 **A** 5 **A** 6 **B** 7 **B** 8 **A**

PAGES 150 - 151
Le verbe *ginn*
1 **B** 2 **A** 3 **C** 4 **B** 5 **B** 6 **A** 7 **B** 8 **A**

PAGES 151 - 152
Et ass / Et sinn / Et gëtt / Et ginn
1 **A** 2 **AB** 3 **A** 4 **B** 5 **B** 6 **AB** 7 **B** 8 **A**

PAGES 152 - 153
Les saisons
1 **A** 2 **C** 3 **B** 4 **D** 5 **D**

PAGES 153 - 154
Le vocabulaire de la météo
1 **C** 2 **A** 3 **C** 4 **B** 5 **A** 6 **B** 7 **B** 8 **A**
1 **C** 2 **A** 3 **B** 4 **B** 5 **A**

PAGES 154 - 155
Le superlatif
1 **B** 2 **A** 3 **B** 4 **A** 5 **A** 6 **B** 7 **B** 8 **A**
1 **B** 2 **B** 3 **A** 4 **C** 5 **C** 6 **A** 7 **B** 8 **C**

PAGES 156 - 157
La structure de la phrase
1 **B** 2 **A** 3 **B** 4 **C** 5 **B**
1 **B** 2 **C** 3 **B** 4 **C** 5 **B**

Vous avez obtenu entre 0 et 22 ? Reprenez chaque question en regardant les endroits où vous avez fait des erreurs.

Vous avez obtenu entre 23 et 44 ? C'est très moyen, mais ne vous découragez pas.

Vous avez obtenu entre 45 et 66 ? Formidable ! Analysez les erreurs et, si besoin, révisez la ou les notions que vous ne maîtrisez pas complètement.

Vous avez obtenu 67 et plus ? Dir maacht dat wierklech tipptopp!

Module 17
LES BASES

Focus: Hätt gär

*Complétez les phrases suivantes avec la forme correcte du verbe **hunn**.*

Corrigé page 170

1. Ech _____ gär en Aperitif ouni Alkohol.
   - **A** hätte
   - **B** hätten
   - **C** hätt
   - **D** hat

2. _____ du och gär e Glas Wäin?
   - **A** Has
   - **B** Häss
   - **C** Hättes
   - **D** Häs

3. Den Emil _____ gär d'Geméiszopp als Entrée.
   - **A** hätt
   - **B** hättet
   - **C** hät
   - **D** hat

4. Wat _____ Dir gär?
   - **A** hättet
   - **B** hätt
   - **C** hätte
   - **D** hättest

5. Mir _____ gär en Dësch bei der Fënster.
   - **A** hätten
   - **B** hätt
   - **C** hätte
   - **D** hate

6. D'Kanner _____ gär eng Glace als Dessert.
   - **A** hätte
   - **B** hätten
   - **C** hätt
   - **D** hättet

Focus: Géif gär

*Complétez les phrases suivantes avec la forme correcte du verbe **ginn**. Plusieurs réponses sont possibles !*

1. Ech _____ gär en Dësch fir véier Leit reservéieren.
   - **A** géife
   - **B** géif
   - **C** géingen
   - **D** géing

2. _____ du och gär de vegetaresche Plat huelen?
   - **A** Géings
   - **B** Gëffs
   - **C** Gëss
   - **D** Géifs

3. D'Sarah _____ gär an e Fast-Food-Restaurant iesse goen.
   - **A** géing
   - **B** géingt
   - **C** géift
   - **D** géife

4. Wat _____ Dir gär drénken?
   - **A** géift
   - **B** géingt
   - **C** gëfft
   - **D** géinget

Module 17
LES BASES

5. Mir _____ gär dobaussen op der Terrass iessen.
   - **A** géingen
   - **B** géinge
   - **C** géing
   - **D** géingte

6. Meng Frënn _____ gär just eppes drénken.
   - **A** géing
   - **B** géife
   - **C** géifen
   - **D** géinge

> **Astuce** **Hätt gär** (conditionnel présent du verbe **hunn**) est suivi d'un nom, **géif gär** (conditionnel présent du verbe **ginn**) est suivi d'un verbe à l'infinitif placé à la fin de la phrase principale. **Ech géif gär** et **Ech géing gär** sont deux variantes équivalentes. Les conditionnels des verbes **ginn (géif)** et **goen (géing)** sont utilisés comme auxiliaires pour former le conditionnel présent de la plupart des verbes. Combinés à **gär**, ils expriment un souhalt.

Focus Hätt gär ou géing/géif gär

Complétez les phrases suivantes.

Corrigé page 170

1. Ech _____ e Glas Rosé, wannechgelift.
   - **A** hätt gär
   - **B** géif gär

2. Mir _____ eppes Waarmes iessen.
   - **A** hätte gär
   - **B** géife gär

3. Wou _____ Dir _____ sëtzen?
   - **A** hätt ... gär
   - **B** géift ... gär

4. Wat fir e Wäin _____ Dir _____ ?
   - **A** hätt ... gär
   - **B** géift ... gär

5. _____ du och _____ e Kaffi?
   - **A** häss ... gär
   - **B** géifs ... gär

6. Ech _____ mat der Kreditkaart bezuelen.
   - **A** hätt gär
   - **B** géif gär

7. De Maxime _____ Gromperen amplaz vum Räis.
   - **A** hätt gär
   - **B** géif gär

Module 17
LES BASES

8. D'Marie _____ seng Reschter mat heem huelen.
   - **A** hätt gär
   - **B** géif gär

Corrigé page 170

Focus Les pronoms relatifs

Complétez les phrases suivantes avec le pronom relatif au nominatif ou à l'accusatif.

1. De Plat, _____ mir iessen , ass deier.
   - **A** déi
   - **B** dat
   - **C** dee

2. De Wäin, _____ mir drénken, schmaacht gutt.
   - **A** deen
   - **B** dee
   - **C** déi

3. D'Fleesch, _____ mir iessen, ass ganz zaart.
   - **A** dee
   - **B** dat
   - **C** déi

4. D'Gromperen, _____ op mengem Teller leien, si kal.
   - **A** déi
   - **B** dat
   - **C** deen

5. D'Glace, _____ mir bestellen, kënnt aus Italien.
   - **A** dat
   - **B** déi
   - **C** dee

6. Den Dësch, _____ mir reservéiert hunn, ass nach besat.
   - **A** dat
   - **B** dee
   - **C** déi

7. De Restaurant, _____ mir recommandéieren, ass an der Stad.
   - **A** dee
   - **B** déi
   - **C** dat

8. D'Iessen, _____ mir stoe loossen, geet net an d'Poubelle.
   - **A** deen
   - **B** déi
   - **C** dat

Complétez les phrases suivantes avec le pronom relatif au datif.

1. De Client, mat _____ mir iesse ginn, kënnt aus China.
   - **A** dat
   - **B** deem
   - **C** där

2. De Restaurant, an _____ mir giess hunn, ass immens gutt.
   - **A** deen
   - **B** deem
   - **C** dat

Module 17
LES BASES

3. D'Madame, mat _____ mir Rendez-vous hunn, huet Verspéidung.
   - **A** der
   - **B** där
   - **C** dat

4. D'Iessen, vun _____ ech schwätzen, ass déi nächst Woch.
   - **A** dat
   - **B** dem
   - **C** deem

5. D'Glas, aus _____ Dir drénkt, ass net ganz propper.
   - **A** där
   - **B** deem
   - **C** deen

6. D'Clienten, mat _____ mir schwätzen, si ganz zefridden.
   - **A** där
   - **B** deene
   - **C** deen

Astuce Le pronom relatif dépend de la fonction qu'il occupe dans la phrase relative, et donc du verbe de celle-ci. Il s'accorde en genre et en nombre avec le nom auquel il est relié dans la phrase principale. Le pronom relatif est toujours précédé d'une virgule. Le verbe se trouve toujours à la fin de la phrase relative.

Focus — Le vocabulaire du restaurant

Corrigé page 170

Complétez les phrases suivantes avec le ou les terme(s) qui convien(nen)t.

1. Ech brauch nach _____ fir meng Zopp.
   - **A** e Messer
   - **B** eng Forschett
   - **C** e Läffel

2. _____ hei schneit net gutt, kann ech en anert kréien?
   - **A** Dat Glas
   - **B** Dee Läffel
   - **C** Dat Messer

3. Kann ech wgl. _____ kréien?
   - **A** en Nuesschnappech
   - **B** eng Zerwéit
   - **C** eng Nappe

4. Et ass net genuch Vinaigrette op der Zalot. Kann ech _____ an _____ kréien?
   - **A** Esseg/Salz
   - **B** Salz/Peffer
   - **C** Esseg/Ueleg

5. Hutt Dir vläicht e bësse _____ fir op d'Brout?
   - **A** Botter
   - **B** Ram
   - **C** Fett

Module 17
LES BASES

6. Ech hätt gär e Fëschfilet ouni _____.
   - **A** Schanken
   - **B** Sprenzen
   - **C** Flilleken

Complétez les phrases suivantes avec le verbe qui convient.

1. Wie wëllt de Wäin _____?
   - **A** schëdden
   - **B** schmaachen
   - **C** schmacken

2. D'Fleesch _____ no verbrannt.
   - **A** kuckt
   - **B** kacht
   - **C** richt

3. Dir kënnt nach Gromperen _____.
   - **A** nobestellen
   - **B** noiessen
   - **C** nomathuelen

4. Wat fir e Wäin _____ bei de Fësch?
   - **A** schmaacht
   - **B** passt
   - **C** drénkt

5. Kënnt Dir de Wäin _____?
   - **A** zerwéieren
   - **B** ewechschëdden
   - **C** wiermen

Focus — Les expressions au restaurant

Corrigé page 170

Trouvez l'intrus.

1. Ech géif gär en Dësch reservéieren.
   - **A** Jo, fir wéi vill Persounen?
   - **B** Jo, fir wéini?
   - **C** Jo, mir hu Congé.

2. Ech hätt gär en Dësch bei der Fënster.
   - **A** Et deet mer leed, mir hu keng Fënster.
   - **B** Jo, natierlech, fir wéi vill Persounen?
   - **C** Et deet mir leed, déi sinn all besat.

Module 17
LES BASES

Corrigé page 170

3. Kann ech Räis amplaz vun de Grompere kréien?
   - **A** Et deet mer leed, mee dat geet net.
   - **B** Jo natierlech, kee Problem.
   - **C** Nee, ech hu Räis net gär.

4. Ass an der Zooss och Fleesch?
   - **A** Nee, et ass eng vegetaresch Zooss.
   - **B** Jo, mee Fësch ass besser.
   - **C** Jo, et ass Fleesch dran.

5. Hutt Dir och oppene Wäin?
   - **A** Jo, hei ass d'Kaart.
   - **B** Nee, mir hu just ganz Fläschen.
   - **C** Jo, ech maachen Iech de Wäin op.

Trouvez la question qui correspond aux réponses données.

1. Nee, fir véier.
   - **A** Ass aacht Auer an der Rei?
   - **B** Fir zwou Persounen?
   - **C** Wéi vill Leit?

2. Um hallwer aacht.
   - **A** Um wéi vill Auer wëllt Dir kommen?
   - **B** Kommt Dir um hallwer aacht?
   - **C** Hutt Dir e Rendez-vous?

3. Getrennt.
   - **A** Bezuelt Dir alles zesummen oder getrennt?
   - **B** Wëllt Dir zesumme sëtzen?
   - **C** Wéi wëllt Dir Äert Fleesch?

Module 17
LES BASES

4. Jo, op Matthieu.

    A Waart Dir nach op eng Persoun?

    B Hutt Dir reservéiert?

    C Wéi ass Ären Numm?

5. Nee Merci, just e Kaffi.

    A Huelt Dir nach en Dessert?

    B Huet et geschmaacht?

    C Kann ech Iech nach eppes bréngen?

Trouvez la phrase qui correspond aux situations données.

1. De Client ass zefridden.

    A D'Entrecôte ass ze fetteg.

    B D'Fleesch ass ganz zaart.

    C Et ass net genuch Salz an der Zopp.

2. De Client reklaméiert.

    A De Wäin schmaacht no Stopp.

    B De Wäin ass ganz sëffeg.

    C De Wäin schmaacht no roude Friichten.

3. Dem Client huet et gutt geschmaacht.

    A Ei, dat war immens gutt.

    B Ei, dat geet an d'Rei.

    C Ei, dat iessen ech all Dag.

4. De Plat (d'Quantitéit) war ze grouss.

    A Et war ganz gutt, mee net genuch.

    B Et war ze vill, mee ganz gutt.

    C Et war net vill, mee gutt genuch.

Module 17
VOCABULAIRE

5. De Client reagéiert positiv op eng Excuse vum Garçon.

   A Dat geet guer net, ech kann net waarden.

   B Dat ass net an der Rei, ech hätt gär en aneren.

   C Dat ass kee Problem, ech verstinn dat.

Corrigé page 170

Verbes

reservéieren	*réserver*
recommandéieren	*recommander*
bestellen	*commander*
schmaachen	*goûter*
erausschëdden	*verser*
richen	*sentir*
zerwéieren	*servir*
wiermen	*réchauffer*
passen (bei + Acc.)	*aller avec*

Noms

Plat, Platen, m.	*plat*
Haaptplat, Haaptplaten, m.	*plat principal*
Entrée, Entréeën, f.	*entrée*
Dessert, Desserten, m	*dessert*
Zopp, Zoppen, f.	*soupe*
Teller, Telleren, m.	*assiette*
Läffel, Läffelen, m.	*cuillère*
Forschett, Forschetten, f.	*fourchette*
Messer, Messeren, n.	*couteau*
Besteck, Bestecker, n.	*couvert*
Läffelsgeschir, n.	*couvert*
Zerwéit, Zerwéiten, f.	*serviette*
Napp, Nappen, f.	*nappe*
Dëschelduch, Dëscheldicher, n.	*nappe*
Set, Setten, m.	*set de table*
Esseg, Esseger, m.	*vinaigre*

Module 17
VOCABULAIRE

Ueleg, Ueleger, m.	*huile*
Salz, n.	*sel*
Peffer, m.	*poivre*
Schank, Schanken, f.	*os*
Sprenz, Sprenzen, f.	*arête*
Flillek, Flilleken, m.	*aile*
Rescht, Reschter, m.	*reste*

Adjectifs

zaart	*tendre*
fetteg	*gras*
séffeg	*qui se boit bien*
oppen	*ouvert*

Locutions / Adverbes / Phrases essentielles

zesummen oder getrennt bezuelen	*payer ensemble ou séparément*
ze vill	*trop*
(net) genuch	*(pas) assez*
Huet et geschmaacht?	*c'était bon ?*

Pronoms

Pronoms relatifs au nominatif et à l'accusatif

deen (m.)	*qui, que*
déi (f., pl.)	*qui, que*
dat (n.)	*qui, que*

Pronoms relatifs au datif

deem (m., n.)	*à qui, de qui, avec qui*
där (f.)	*à qui, de qui, avec qui*
deenen (pl.)	*à qui, de qui, avec qui*

Module 17
CORRIGÉ

Les bases

PAGE 161
Hätt gär
1 **C** 2 **B** 3 **A** 4 **B** 5 **C** 6 **A**

PAGES 161 - 162
Géif gär
1 **B/D** 2 **A/D** 3 **A** 4 **A/B** 5 **B** 6 **B/D**

PAGES 162 - 163
Hätt gär ou géing/géif gär
1 **A** 2 **B** 3 **B** 4 **A** 5 **A** 6 **B** 7 **A** 8 **B**

PAGES 163 - 164
Les pronoms relatifs
1 **C** 2 **B** 3 **B** 4 **A** 5 **B** 6 **B** 7 **A** 8 **C**
1 **B** 2 **B** 3 **B** 4 **C** 5 **B** 6 **B**

PAGES 164 - 165
Le vocabulaire du restaurant
1 **C** 2 **C** 3 **B** 4 **C** 5 **A** 6 **B**
1 **B** 2 **C** 3 **A** 4 **B** 5 **A**

PAGES 165 - 168
Les expressions au restaurant
1 **C** 2 **A** 3 **C** 4 **B** 5 **C**
1 **B** 2 **A** 3 **A** 4 **B** 5 **A**
1 **B** 2 **A** 3 **A** 4 **B** 5 **C**

Vous avez obtenu entre 0 et 18 ? Reprenez chaque question en regardant les endroits où vous avez fait des erreurs.

Vous avez obtenu entre 19 et 38 ? C'est très moyen, mais ne vous découragez pas.

Vous avez obtenu entre 39 et 58 ? Formidable ! Analysez les erreurs et, si besoin, révisez la ou les notions que vous ne maîtrisez pas complètement.

Vous avez obtenu 59 et plus ? Dir maacht dat wierklech tipptopp!

Module 18
LES BASES

Focus — Les verbes *lafen* et *fléien*

*Complétez les phrases suivantes avec les verbes **lafen** ou **fléien** conjugués comme il convient.*

> Corrigé page 181

1. Ech _____ net gär mam Fliger.
   - **A** fléien
   - **B** fléigen
   - **C** flitten

2. _____ du vum Findel aus?
   - **A** Fléis
   - **B** Flitts
   - **C** Fliss

3. De Patrick _____ mam Helikopter op Monaco.
   - **A** fléit
   - **B** fleet
   - **C** flitt

4. _____ Dir mam Fliger oder fuert Dir mam Zuch an d'Vakanz?
   - **A** Flitt
   - **B** Fléit
   - **C** Flott

5. D'Simone _____ haut säin éischte Marathon.
   - **A** laaft
   - **B** leeft
   - **C** lift

6. Wuer _____ du dann esou séier?
   - **A** laffs
   - **B** laafs
   - **C** leefs

7. _____ e gudde Film am Kino?
   - **A** Leuft
   - **B** Leeft
   - **C** Léift

8. Dir _____ ze lues!
   - **A** lifft
   - **B** looft
   - **C** laaft

Focus — Le verbe *klammen*

*Complétez les phrases suivantes avec le verbe **klammen** conjugué comme il convient.*

1. Den Tony _____ an de Bus a fiert op d'Gare.
   - **A** klammt
   - **B** klëmmt
   - **C** klemmt

2. Firwat _____ du net emol op de Vëlo?
   - **A** klaams
   - **B** kleems
   - **C** klëmms

Module 18
LES BASES

Corrigé page 181

3. _____ hannen an den Auto! Hei vir ass keng Plaz.
   - A Klammen
   - B Klamm
   - C Klëmm

4. Wou _____ Dir gär eraus?
   - A klëmmt
   - B klaamt
   - C klammt

5. Mir _____ zu Réimech op d'Schëff.
   - A klammen
   - B klëmmen
   - C klamen

6. Firwat _____ du net eraus?
   - A klaams
   - B klamms
   - C klëmms

Focus Les prépositions et particules avec le verbe *klammen*

Complétez les phrases suivantes avec la préposition ou la particule qui convient.

1. Ech klammen _____ de Vëlo a fuere spadséieren.
   - A an
   - B eran
   - C op
   - D erof

2. De Bus ass net direkt, Dir musst op der Gare _____ klammen.
   - A ëm
   - B an
   - C op
   - D vun

3. Den Tram fiert an zwou Minutten, klamm séier _____.
   - A erof
   - B eran
   - C op
   - D an

4. Mir klammen _____ dem Zuch an huelen en Taxi.
   - A an
   - B vun
   - C aus
   - D ëm

5. De Pit klëmmt _____ de Moto a mécht e Selfie.
   - A vun
   - B op
   - C erop
   - D erof

6. Klamm séier _____, de Vëlo huet e Platten.
   - A eran
   - B erop
   - C erof
   - D eraus

7. D'Caroline klëmmt _____ Päerd a geet eppes drénken.
   - A vum
   - B aus dem
   - C erof
   - D op dem

8. Mir klammen _____ de Fliger a sichen eis Plaz.
   - A op
   - B aus
   - C an
   - D vun

Module 18
LES BASES

> **Astuce** Le verbe **klammen** peut être utilisé avec les particules séparables **eran-**, **eraus-**, **erop-**, **erof-**, pour exprimer que l'on monte ou descend, et **ëm-** pour exprimer un changement. Normalement, on les rajoute lorsque l'on ne précise pas sur ou dans quoi on monte ou de quoi on descend : **Ech klammen aus dem Bus. / Ech klammen eraus.** Un double emploi est néanmoins possible : **Ech klammen aus dem Bus eraus.**

Focus Les moyens de transports

Complétez les phrases suivantes avec le moyen de transport le plus approprié.

1. De Supermarché ass op 100 Meter, _____.
   - **A** ech fuere mam Vëlo
   - **B** ech ginn zu Fouss
   - **C** ech fuere mam Bus

   Corrigé page 181

2. Den ëffentlechen Transport streikt haut, _____.
   - **A** ech huelen de Fliger
   - **B** ech fuere mam Taxi
   - **C** ech fuere mam Tram

3. Ech wëll zu Paräis ganz séier vill Kilometer maachen, _____.
   - **A** ech fuere mam Auto
   - **B** ech fuere mam Metro
   - **C** ech ginn zu Fouss

4. Mir si ganz romantesch, fir eis Hochzäitsfeier _____.
   - **A** fuere mir mam Trakter
   - **B** fuere mir mam Camion
   - **C** fuere mir mat der Kutsch

5. Mir maache gär Vakanz um Waasser, dofir _____.
   - **A** fuere mir mat der Trottinett
   - **B** fuere mir mam Schëff
   - **C** fuere mir mam Skateboard

Module 18
LES BASES

*Complétez les phrases suivantes avec la préposition **mat** et l'article qui convient **(mam = mat dem)***

Corrigé page 181

1. Ech fueren all Dag _____ Tram.
   - **A** mam
   - **B** mat der

2. Et ass modern, _____ Trottinett ze fueren.
   - **A** mam
   - **B** mat der

3. Flitts du och gär _____ grousse Fliger?
   - **A** mat engem
   - **B** mat enger

4. Mir fuere _____ Auto an d'Vakanz.
   - **A** mat eisem
   - **B** mat eiser

5. Bass du schonn eng Kéier _____ Schëff gefuer?
   - **A** mat engem
   - **B** mat enger

6. D'Busse streiken, mir musse _____ Taxi fueren.
   - **A** mam
   - **B** mat der

7. D'Hochzäitskoppel fiert _____ Kutsch an d'Kierch.
   - **A** mam
   - **B** mat der

8. Am Summer fuere vill Leit _____ Vëlo schaffen.
   - **A** mam
   - **B** mat der

Focus Le verbe *halen* et ses dérivés

*Complétez les phrases suivantes avec le verbe **halen** conjugué comme il convient.*

1. Den Zuch _____ op all Gare.
   - **A** haalt
   - **B** hält
   - **C** heelt

2. Mir _____ net mam Vëlofueren op.
   - **A** hälen
   - **B** huelen
   - **C** halen

3. Firwat _____ du hei?
   - **A** hëls
   - **B** häls
   - **C** haals

Module 18
LES BASES

4. _____ stall, ech muss erausklammen.
   - **A** Hall
   - **B** Hell
   - **C** Hal

5. _____ Dir beim Kierfecht?
   - **A** Häält
   - **B** Haalt
   - **C** Hallt

6. D'Busser _____ net méi um Boulevard Royal.
   - **A** halen
   - **B** huelen
   - **C** hälen

Focus — Les verbes pour exprimer *arrêter* ou *s'arrêter*

Trouvez la traduction correcte des phrases données.

Corrigé page 181

1. Le bus s'arrête devant la gare.
   - **A** De Bus hält op virun der Gare ze stoen.
   - **B** De Bus bleift virun der Gare stoen.
   - **C** De Bus steet virun der Gare bleiwen.

2. Nous arrêtons de prendre le taxi.
   - **A** Mir bleiwen den Taxi huele stoen.
   - **B** Mir halen den Taxi huele stall.
   - **C** Mir halen op, den Taxi ze huelen.

3. Où ce bus s'arrête-t-il?
   - **A** Wou hält dee Bus stoen?
   - **B** Wou hält dee Bus op?
   - **C** Wou bleift dee Bus stoen?

4. Nous devons nous arrêter au feu rouge.
   - **A** Bei der rouder Luucht musse mir stoe bleiwen.
   - **B** Bei der rouder Luucht musse mir ophalen.
   - **C** Mir mussen op der rouder Luucht halen.

Module 18
LES BASES

5. Est-ce que le tram s'arrête près du lycée?
   - **A** Hält den Tram beim Lycée stall?
   - **B** Steet den Tram beim Lycée bleiwen?
   - **C** Bleift den Tram beim Lycée stall?

Corrigé page 181

Astuce *Arrêter de faire quelque chose* : **op/hale mat** + verbe ou nom ou **op/halen ze** + verbe. *S'arrêter* dans le sens de *ne plus avancer* : **halen** ou **stoen** + **bleiwen** (le verbe **bleiwen** est conjugué, le verbe **stoen** est placé à la fin et ne change pas). Une combinaison de **halen** + **bleiwen** est également possible. Il existe aussi le mot **stallhalen** *(s'arrêter)*.

Focus **Demander des renseignements**

Complétez les phrases suivantes.

1. Um wéi vill Auer _____ den Zuch _____?
   - **A** kënnt/un
   - **B** fiert/un
   - **C** kënnt/fort

2. Wou ass den nächste _____ ?
   - **A** Busgare
   - **B** Busarrêt
   - **C** Bushaischen

3. Ass deen Zuch direkt oder muss ech _____ ?
   - **A** ausklammen
   - **B** ofklammen
   - **C** ëmklammen

4. Op _____ Gleis fiert den Zuch fort?
   - **A** wat fir ee
   - **B** wat fir engem
   - **C** wat engem

5. Wou muss ech mäi Billjee _____ ?
   - **A** entwäerten
   - **B** iwwerwäerten
   - **C** opwäerten

6. Gëtt et hei eng _____ ?
   - **A** Taxistand
   - **B** Vëlospist
   - **C** Vëlosstand

7. Wéi vill kascht en _____ fir op Paräis?
   - **A** Hin-an-Hier
   - **B** Hei-an-Do
   - **C** Aller-retour

8. Wéi laang ass en _____ gülteg?
   - **A** Billjeesdag
   - **B** Dagesbilljee
   - **C** Dagticket

Module 18
LES BASES

Focus Demander des renseignements : les pronoms interrogatifs

Complétez les phrases suivantes avec le pronom interrogatif qui convient.

1. _____ fiert den Zuch fort?
   - **A** Wéi vill Auer
   - **B** Wéini
   - **C** Wuer

2. _____ Buslinn muss ech huele fir op d'Gare?
   - **A** Wat fir
   - **B** Wat
   - **C** Wat fir eng

3. _____ kascht e Billjee bis op Bréissel?
   - **A** Wéi
   - **B** Wat fir
   - **C** Wat

4. _____ fiert dee Bus hei?
   - **A** Wou
   - **B** Wuer
   - **C** Wie

5. _____ huelt Dir net den Tram?
   - **A** Firwat
   - **B** Wéi
   - **C** Wiem

6. _____ vun iech fiert léiwer mam Bus?
   - **A** Wiem
   - **B** Wat
   - **C** Wie

7. _____ kommen ech am séierste vun hei an d'Stad?
   - **A** Wie
   - **B** Wéi
   - **C** Wat

8. Op _____ Quai fiert de Bus fir op Saarbrécken fort?
   - **A** wéi e
   - **B** wéi engem
   - **C** wat een

Focus Se déplacer

Corrigé page 181

Trouvez la phrase qui équivaut à celles données.

1. Ech huele gär de Bus, fir schaffen ze fueren.
   - **A** Ech fuere gär mam Bus schaffen.
   - **B** Ech schaffe gär, fir mam Bus ze fueren.
   - **C** Ech huelen net gär den Zuch, fir schaffen ze fueren.

Module 18
VOCABULAIRE

Corrigé page 181

2. Op wat fir engem Gleis fiert den Zuch fort?
   - **A** Op wéi ee Gleis fiert den Zuch eran?
   - **B** Op wéi engem Gleis ass den Depart?
   - **C** Op wéi ee Gleis muss ech fortfueren?

3. Déi Linn ass net direkt, dir musst ëmklammen.
   - **A** Dir musst erausklammen, hei ass Endstatioun.
   - **B** Dir musst nach en anere Bus huelen, deen hei ass net direkt.
   - **C** Dir musst eng aner Plaz huelen, déi hei ass reservéiert.

4. Gëtt et an denger Géigend e Busarrêt?
   - **A** Ass an denger Strooss eng Busgare?
   - **B** Ass an denger Noperschaft eng Bushaltestell?
   - **C** Gëtt et op där Haltestell e Bushaischen?

5. Wéi kommen ech vun hei am séiersten op d'Gare?
   - **A** Wou ass d'Gare am schnellsten?
   - **B** Wéi geet et am schnellsten op d'Gare?
   - **C** Wou fiert de séierste Bus fir op d'Gare?

Verbes

fléien	voler
lafen	courir
klammen	grimper, monter ou descendre
halen	s'arrêter
op/halen mat/ze	arrêter de
bleiwen	rester
stoen	être debout
stoe bleiwen	s'arrêter (litt. rester debout)

Module 18
VOCABULAIRE

stallhalen	s'arrêter, ne plus bouger
streiken	faire la grève
mussen	être obligé de, devoir
entwäerten	composter (un billet)

Noms

Busgare, Busgaren, f.	gare de bus
Busarrêt, Busarrêten, m.	arrêt de bus
Bushaischen, Bushaisercher, n.	abribus
Bushaltestell, Bushaltestellen, f.	arrêt de bus
Fliger, Fligeren, m.	avion
Helikopter, Helikopteren, m.	hélicoptère
Kutsch, Kutschen, f.	calèche, landau
Trottinett, Trottinetten, f.	trottinette
Skateboard, Skateboarden, m. ou n.	planche à roulettes
Schëff, Schëffer, n.	bateau
Moto, Motoen, m.	moto
Camion, Camionen, m.	camion
Trakter, Trakteren, m.	tracteur
Päerd, Päerd, n.	cheval
Platten, Platten, m.	crevaison
Tram, Trammen, m.	tram
Aller-retour, Aller-retouren, m.	aller-retour
Taxistand, Taxistänn, m.	stand de taxis
Vëlospist, Vëlospisten, f.	piste de vélo
Dagesbilljee, Dagesbilljeeën, m.	billet pour un jour

Module 18
VOCABULAIRE

Endstatioun, Endstatiounen, f.	*terminus*
Metro, Metroen, m.	*métro*

Adjectifs / Adverbes

séier	*rapide, vite*
schnell	*rapide, vite*
lues	*lent*

Locution

den ëffentlechen Transport, m. (sg)	*les transports publics*

Particules en combinaison avec des verbes de déplacement

era(n)- (goen, fueren, ...)	*entrer*
eraus- (goen, fueren, ...)	*sortir*
erop- (goen, fueren, ...)	*monter*
erof- (goen, fueren, ...)	*descendre*

Module 18
CORRIGÉ

Les bases

PAGE 171
Les verbes **lafen** et **fléien**
1 **A** 2 **B** 3 **C** 4 **A** 5 **B** 6 **C** 7 **B** 8 **C**

PAGES 171 - 172
Le verbe **klammen**
1 **B** 2 **C** 3 **B** 4 **C** 5 **A** 6 **C**

PAGES 172 - 173
Les prépositions et particules avec le verbe **klammen**
1 **C** 2 **A** 3 **B** 4 **C** 5 **B** 6 **C** 7 **A** 8 **C**

PAGES 173 - 174
Les moyens de transports
1 **B** 2 **B** 3 **B** 4 **C** 5 **B**
1 **A** 2 **B** 3 **A** 4 **A** 5 **A** 6 **A** 7 **B** 8 **A**

PAGES 174 - 175
Le verbe **halen** et ses dérivés
1 **B** 2 **C** 3 **B** 4 **C** 5 **B** 6 **A**

PAGES 175 - 176
Les verbes pour exprimer *arrêter* ou *s'arrêter*
1 **B** 2 **C** 3 **C** 4 **A** 5 **A**

PAGE 176
Demander des renseignements
1 **A** 2 **B** 3 **C** 4 **B** 5 **A** 6 **B** 7 **C** 8 **B**

PAGE 177
Demander des renseignements : les pronoms interrogatifs
1 **B** 2 **C** 3 **C** 4 **B** 5 **A** 6 **C** 7 **B** 8 **B**

PAGES 177 - 178
Se déplacer
1 **A** 2 **B** 3 **B** 4 **B** 5 **B**

Vous avez obtenu entre 0 et 21 ? Reprenez chaque question en regardant les endroits où vous avez fait des erreurs.

Vous avez obtenu entre 22 et 43 ? C'est très moyen, mais ne vous découragez pas.

Vous avez obtenu entre 44 et 65 ? Formidable ! Analysez les erreurs et, si besoin, révisez la ou les notions que vous ne maîtrisez pas complètement.

Vous avez obtenu 66 et plus ? Dir maacht dat wierklech tipptopp!

Module 19
LES BASES

Focus Les prépositions de lieu

Complétez les phrases suivantes avec la préposition qui convient.

Corrigé page 193

1. Dir musst bei gréng _____ d'Strooss goen.
   - **A** op
   - **B** iwwert
   - **C** duerch

2. Gitt hei _____ d'Haiser an dann nach e puer Meter weider.
   - **A** duerch
   - **B** op
   - **C** laanscht

3. Ech ginn net gär eleng _____ de Park.
   - **A** op
   - **B** duerch
   - **C** iwwert

4. Maach d'Luuchten un, fir _____ den Tunnel ze fueren.
   - **A** aus
   - **B** virun
   - **C** duerch

5. Den Auto bleift _____ der rouder Luucht stoen.
   - **A** op
   - **B** bei
   - **C** an

6. De Supermarché ass direkt do hannen _____ Eck.
   - **A** zum
   - **B** vum
   - **C** um

7. Fuert do _____ d'Bréck, da kommt Dir op d'Gare.
   - **A** iwwert
   - **B** nieft
   - **C** an

8. Gitt _____ d'Plaz, d'Entrée ass op der anerer Säit.
   - **A** duerch
   - **B** ronderëm
   - **C** tëschent

Focus Les prépositions et leurs cas

Complétez les phrases suivantes avec l'article qui convient.

1. Gitt iwwert _____ Spillplaz bis bei de Kiosk.
   - **A** der
   - **B** d'
   - **C** dem

2. No _____ Bréck sinn et just nach 200 Meter.
   - **A** dem
   - **B** d'
   - **C** der

3. Dir muss laanscht _____ Gebai goen.
   - **A** dee
   - **B** dat
   - **C** déi

Module 19
LES BASES

4. De Wee féiert riicht duerch _____ Wunnzon.
   - **A** enger
   - **B** engem
   - **C** eng

5. Kann ech hannert _____ Haus parken?
   - **A** äert
   - **B** ärem
   - **C** ärer

6. Vun _____ Post ass et net méi wäit.
   - **A** der
   - **B** dem
   - **C** dat

7. Dir musst bei _____ Tankstell riets erafueren.
   - **A** d'
   - **B** der
   - **C** den

8. Wéi dacks wëlls du nach ronderëm _____ Quartier fueren?
   - **A** d'
   - **B** dem
   - **C** de

Astuce Attention aux différents cas qui sont associés aux prépositions. Certaines sont toujours suivis de l'accusatif, d'autres du datif et d'autres encore sont mixtes.

Focus Les adverbes de lieu

Complétez les phrases suivantes avec l'adverbe qui convient. Plusieurs réponses sont possibles !

Corrigé page 193

1. Fuert déi zweet Strooss _____.
   - **A** riets
   - **B** lénks
   - **C** laanscht

2. De Kino ass do _____ op der rietser Säit.
   - **A** no
   - **B** bäi
   - **C** hannen

3. Ass de Supermarché _____?
   - **A** no bäi
   - **B** do hannen
   - **C** bäi no

4. Meng Frënn wunne ganz _____ (vu mir).
   - **A** baussen
   - **B** wäit ewech
   - **C** duerno

5. Gitt ëmmer hei _____, d'Apdikt ass op 200 Meter.
   - **A** riichtaus
   - **B** bannen
   - **C** wäit

Module 19
LES BASES

Corrigé page 193

6. Kuck, de Bancomat ass direkt hei _____.
   - **A** vir
   - **B** baussen
   - **C** lénks

7. Waart wgl. do _____ op mech.
   - **A** uewen
   - **B** baussen
   - **C** no

8. Wéi _____ ass et bis op d'Gare?
   - **A** vill
   - **B** grouss
   - **C** wäit

> **Astuce** Le luxembourgeois ne connaît pas de verbe pour exprimer *traverser*. On utilise des verbes de déplacement suivi de la préposition **duerch** (pour les espaces fermés) ou **iwwert** (pour les espaces ouverts).

Focus   Les repères à l'extérieur

Complétez les phrases suivantes avec le terme qui convient.

1. Den Auto fiert dräimol ronderëm de _____.
   - **A** Tunnel
   - **B** Rond-point
   - **C** Zebrasträifen

2. Pass op, do ass eng _____, do geet et net weider!
   - **A** Sens unique
   - **B** Sakgaass
   - **C** Schëld

3. D'Foussgänger mussen iwwert d'_____ goen.
   - **A** Zebrasträife
   - **B** Rond-point
   - **C** Park

4. D'Immobilienagence ass am _____ vis-à-vis.
   - **A** Gebai
   - **B** Parking
   - **C** Park

5. Et ass schwéier, an der Stad eng _____ ze fannen.
   - **A** Gebai
   - **B** Parkplaz
   - **C** Strooss

6. Ech wéilt net ënnert der _____ wunnen.
   - **A** Tunnel
   - **B** Bréck
   - **C** Spillplaz

7. Kanns du mir de _____ erklären?
   - **A** Direktioun
   - **B** Passage
   - **C** Wee

Module 19
LES BASES

8. Fuer bis op d'_____ an da lénks.
   - **A** Kräizung
   - **B** Rond-point
   - **C** Luucht

9. Bei der _____ muss du riets ofbéien.
   - **A** grénger Luucht
   - **B** rouder Luucht
   - **C** rout Luucht

10. Hie wunnt do an där klenger _____.
    - **A** Plaz
    - **B** Gaass
    - **C** Wee

Focus Adverbes ou particules

Complétez les phrases suivantes avec l'adverbe ou la particule qui convient.

1. Fuert hei déi Strooss _____.
   - **A** uewen
   - **B** erop
   - **C** op

   Corrigé page 193

2. Kommt _____ op den éischte Stack, do ass mäi Büro.
   - **A** ënnen
   - **B** erof
   - **C** eraus

3. Fuert net an de Parking _____, et si keng Plaze méi fräi.
   - **A** eraus
   - **B** bannen
   - **C** eran

4. Eist Haus ass ganz _____ an der Sakgaass.
   - **A** hannen
   - **B** erof
   - **C** do

5. Hei _____ lénks ass e Bancomat, do kanns du Suen ophiewen.
   - **A** erof
   - **B** vir
   - **C** bäi

6. Gitt ëmmer _____, do ass d'Sortie.
   - **A** erop
   - **B** riichtaus
   - **C** ewech

Focus Donner des renseignements/demander son chemin/info trafic

Trouvez la phrase ou la question complète correcte.

1. _____ ass et vun hei bis _____ d__Gare?
   - **A** Wéi ass et vun hei bis bei d'Gare?
   - **B** Wéi wäit ass et vun hei bis op d'Gare?
   - **C** Wéi laang ass et vun hei bis op der Gare?

Module 19
LES BASES

2. Kënnt Dir mir _____, wéi ech vun _____ op de Findel kommen?
   - **A** Kënnt Dir mir froen, wéi ech vun do op de Findel kommen?
   - **B** Kënnt Dir mir erklären, wéi ech vun Stad op de Findel kommen?
   - **C** Kënnt Dir mir soen, wéi ech vun hei op de Findel kommen?

3. Dir musst nom _____ déi éischt _____ lénks fueren.
   - **A** Dir musst nom Rond-point déi éischt Strooss lénks fueren.
   - **B** Dir musst nom Bréck déi éischt Boulevard lénks fueren.
   - **C** Dir musst nom hannen déi éischt Sakgaass lénks fueren.

4. Vun hei sinn _____ just zwou Minutten _____ Fouss.
   - **A** Vun hei sinn et just zwou Minutten mam Fouss.
   - **B** Vun hei sinn dir just zwou Minutten um Fouss.
   - **C** Vun hei sinn et just zwou Minutten zu Fouss.

5. Fuert an d'_____, do si vill fräi _____.
   - **A** Fuert an d'Parking, do si vill fräi Plazen.
   - **B** Fuert an d'Parkhaus, do si vill fräi Parkplazen.
   - **C** Fuert an d'Gaass, do si vill fräi Parkhaiser.

   Corrigé page 193

6. Op der _____ ass en décke _____.
   - **A** Op der Tunnel ass en décke Stau.
   - **B** Op der Bréck ass en décke Accident.
   - **C** Op der Autobunn ass en décke Stau.

7. D'Strooss _____ Bouneweg an der Gare ass haut _____.
   - **A** D'Strooss viru Bouneweg an der Gare ass haut zou.
   - **B** D'Strooss op Bouneweg an der Gare ass haut op.
   - **C** D'Strooss tëschent Bouneweg an der Gare ass haut gespaart.

Module 19
LES BASES

Focus L'interdiction

Complétez les phrases suivantes de façon à indiquer ce qui est interdit.

1. Op enger Plaz fir Handicapéierter däerf een ouni Vignette net_____.
   - **A** fueren
   - **B** stoen
   - **C** sëtzen

2. An enger Wunnzon däerf een net _____.
   - **A** parken
   - **B** séier fueren
   - **C** spillen

3. Bei engem Sens interdit däerf een net _____.
   - **A** séier fueren
   - **B** erausfueren
   - **C** erafueren

4. An engem Duerf däerf een net _____.
   - **A** tuten
   - **B** stoe bleiwen
   - **C** acceleréieren

5. Bei engem Chantier däerf een net _____.
   - **A** iwwerhuelen
   - **B** d'Luucht umaachen
   - **C** no riets fueren

6. Op der Autobunn däerf een net _____.
   - **A** erausfueren
   - **B** d'Kéier maachen
   - **C** iwwerhuelen

Astuce Les interdictions s'expriment par la négation du verbe de modalité **däerfen (net däerfen)**. Il est suivi par le verbe à l'infinitif qui est placé à la fin de la phrase principale. Une alternative est l'adjectif **verbueden** (ou **net erlaabt**) suivi par une proposition infinitive.

Focus L'interdiction et la structure de la phrase

Trouvez la phrase qui exprime correctement l'interdiction donnée.

Corrigé page 193

1. fueren: an de Sens interdit
   - **A** Et ass erlaabt, de Sens interdit eranzefueren.
   - **B** Dir däerft net an de Sens interdit fueren.
   - **C** Dir sidd verbueden, an de Sens interdit fueren.

Module 19
LES BASES

> Corrigé page 193

2. stoe bleiwen: op der Kräizung
   - (A) Dir däerft op der Kräizung stoen net bleiwen.
   - (B) Op der Kräizung ze stoe bleiwen ass verbueden.
   - (C) Op der Kräizung däerft Dir net stoe bleiwen.

3. fueren: mat méi wéi 50 km/h
   - (A) Dir däerft net mat méi wéi 50 km/h fueren.
   - (B) Méi wéi 50 km/h ass et erlaabt net ze fueren.
   - (C) Et ass verbueden mat méi wéi 50 km/h net ze fueren.

4. parken: ouni Vignette
   - (A) Parken ouni Vignette ass hei net däerfen.
   - (B) Et ass net erlaabt, hei ouni Vignette ze parken.
   - (C) Ouni Vignette een däerf hei parken net.

5. tuten: an der Géigend vun engem Spidol
   - (A) Et ass verbueden, an der Géigend vun engem Spidol ze tuten.
   - (B) Ze tuten däerf een an der Géigend vun engem Spidol net.
   - (C) Erlaabt an der Géigend vun engem Spidol ass net tuten.

Focus Décrire ou demander son chemin

Complétez les phrases suivantes avec la fin ou le début qui convient.

1. Kënnt Dir mir soen, _____?
   - (A) wéi ech vun hei op de Glacis kommen
   - (B) wat ass séier fir op de Glacis
   - (C) wou ass de Glacis

2. Wéi wäit ass et _____?
   - (A) an de Supermarché goen
   - (B) vun hei bis an de Supermarché
   - (C) bei de Supermarché anzebéien

Module 19
LES BASES

3. Passt op, do hannen _____.
   - **A** bei der rouder Luucht fueren
   - **B** ass eng geféierlech Kräizung
   - **C** fuert ëmmer riichtaus

   Corrigé page 193

4. _____ musst dir no lénks ofbéien.
   - **A** Op der Parkplaz
   - **B** Op der Autobunn
   - **C** Bei der rouder Luucht

5. _____ virum Haus, dat ass verbueden.
   - **A** Fuert net
   - **B** Parkt net
   - **C** Klammt eraus

Astuce Dans la question indirecte, le verbe conjugué est toujours placé à la fin.

Trouvez la réponse qui ne correspond pas aux questions posées.

1. Kënnt Dir mir soen, wou de Fussballsterrain ass?
   - **A** Den Terrain ass net vun hei.
   - **B** Et deet mer leed, ech sinn net vun hei.
   - **C** Jo, gitt ëmmer riichtaus, do ass en.

2. Wéi kommen ech am séierste vun hei an den Zentrum?
   - **A** Fuert iwwert d'Bréck an dann ëmmer riichtaus.
   - **B** Huelt de Bus Linn 22.
   - **C** Dir däerft net mam Auto fueren.

3. Däerf ech hei parken?
   - **A** Dir kënnt gutt parken.
   - **B** Jo, awer just mat enger Vignette.
   - **C** Nee, dat ass verbueden.

Module 19
VOCABULAIRE

4. Wou ass déi noosten Tankstell?
   - **A** Do hannen, hannert dem Rond-point.
   - **B** Do ass de Bensin deier.
   - **C** Hei gëtt et keng Tankstell an der Géigend.

Corrigé page 193

5. Wou bass du?
   - **A** Ech sinn ënnerwee.
   - **B** Ech hu mech verlaf.
   - **C** Ech hunn e Plang.

Verbes

ofbéien	*tourner*
weiderfueren	*continuer à rouler*
tuten	*klaxonner*
däerfen	*avoir la permission de*
sech verlafen	*se perdre*

Noms

Spillplaz, Spillplazen, f.	*aire de jeu*
Bréck, Brécken, f.	*pont*
Gebai, Gebaier, n.	*immeuble, bâtiment*
Tunnel, Tunnellen, m.	*tunnel*
rout Luucht, rout Luuchten, f.	*feu rouge*
Kräizung, Kräizungen, f.	*croisement*
Zebrasträif, Zebrasträifen, m.	*passage piétons*
Foussgänger, Foussgänger, m.	*piéton*

Module 19
VOCABULAIRE

Rond-point, Rond-pointen, m.	*rond-point*
Parkhaus, Parkhaiser, n.	*parking (à étages)*
Parkplaz, Parkplazen, f.	*place de stationnement*
Wunnzon, Wunnzonen, f.	*zone résidentielle*
Foussgängerzon, Foussgängerzonen, f.	*zone piétonne*
Tankstell, Tankstellen, f.	*station service*
Quartier, Quartieren, m.	*quartier*
Sakgaass, Sakgaassen, f.	*cul-de-sac*
Gaass, Gaassen, f.	*ruelle*
Wee, Weeër, m.	*chemin*
Schëld, Schëlder, n.	*panneau*
Géigend, Géigenden, f.	*alentour*
Zentrum, Zentrumen/Zentren, m.	*centre*
Gare, Garen, f.	*gare*
Sens unique, Sens-uniquen, m.	*sens unique*
Bancomat, Bancomaten, m.	*distributeur*
Vignette, Vignetten, f.	*vignette*
Plang, Pläng, m.	*plan*
Chantier, Chantieren, m.	*chantier*
Schantjen, Schantercher, m.	*chantier*

Adjectifs

wäit	*éloigné*
no	*proche*
verbueden	*interdit*
erlaabt	*permis*

Module 19
VOCABULAIRE

Locutions / Adverbes / Phrases essentielles

ënnerwee	*en route*
uewen	*en haut*
ënnen	*en bas*
hannen	*derrière*
vir	*devant*
nobäi	*près*
wäit ewech	*loin*
Wéi kommen ech vun hei op/bei ...?	*Comment aller d'ici à ... ?*
Ech ginn iwwert d'Bréck.	*Je traverse le pont.*
Ech fueren duerch den Tunnel.	*Je traverse le tunnel.*
de Findel, m.	*nom d'un quartier et de l'aéroport de Luxembourg*
Ech wunnen um Findel.	*J'habite au Findel.*
Ech fueren op de Findel.	*Je vais à l'aéroport (Findel).*
Bis op de Findel sinn et 15 km.	*L'aéroport (Findel) est à 15 km.*
Bouneweg	*Bonnevoie (quartier de la ville)*

Prépositions

iwwert (goen, ...) (mixte)	*traverser*
duerch (goen, ...) (acc.)	*traverser*
laanscht (acc.)	*le long de*
ronderëm (acc.)	*autour*
vis-à-vis vun (dat.)	*en face de*

Module 19
CORRIGÉ

VOTRE SCORE :

Les bases

PAGE 182
Les prépositions de lieu
1 **B** 2 **C** 3 **B** 4 **C** 5 **B** 6 **C** 7 **A** 8 **B**

PAGES 182 - 183
Les prépositions et leurs cas
1 **B** 2 **C** 3 **B** 4 **C** 5 **B** 6 **A** 7 **B** 8 **C**

PAGES 183 - 184
Les adverbes de lieu
1 **A/B** 2 **C** 3 **A/B** 4 **B** 5 **A** 6 **A/B/C** 7 **A/B** 8 **C**

PAGES 184 - 185
Les repères à l'extérieur
1 **B** 2 **B** 3 **A** 4 **A** 5 **B** 6 **B** 7 **C** 8 **A** 9 **B** 10 **B**

PAGE 185
Adverbes ou particules
1 **B** 2 **B** 3 **C** 4 **A** 5 **B** 6 **B**

PAGES 185 - 186
Donner des renseignements /demander son chemin/info trafic
1 **B** 2 **C** 3 **A** 4 **C** 5 **B** 6 **C** 7 **C**

PAGE 187
L'interdiction
1 **B** 2 **B** 3 **C** 4 **A** 5 **A** 6 **B**

PAGES 187 - 188
L'interdiction et la structure de la phrase
1 **B** 2 **C** 3 **A** 4 **B** 5 **A**

PAGES 188 - 190
Décrire ou demander son chemin
1 **A** 2 **B** 3 **B** 4 **C** 5 **B**
1 **A** 2 **C** 3 **A** 4 **B** 5 **C**

Vous avez obtenu entre 0 et 22 ? Reprenez chaque question en regardant les endroits où vous avez fait des erreurs.

Vous avez obtenu entre 23 et 44 ? C'est très moyen, mais ne vous découragez pas.

Vous avez obtenu entre 45 et 66 ? Formidable ! Analysez les erreurs et, si besoin, révisez la ou les notions que vous ne maîtrisez pas complètement.

Vous avez obtenu 67 et plus ? Dir maacht dat wierklech tipptopp!

Module 20
LES BASES

Focus Le vocabulaire des parties du corps et des médecins

Choisissez le médecin spécialiste approprié.

Corrigé page 205

1. Ech hunn den Hals wéi. Ech gi bei de(n) _____.
   - **A** HNO-Dokter
   - **B** Orthopäd
   - **C** ORL

2. Ech gesinn net gutt. Ech gi bei de(n) _____.
   - **A** Ouerendokter
   - **B** Gesiichtsdokter
   - **C** Aendokter

3. Ech kréien e Puppelchen. Ech gi bei de(n) _____.
   - **A** Kannerdokter
   - **B** Männerdokter
   - **C** Fraendokter

4. Ech hunn eng Erkältung. Ech gi bei de(n) _____.
   - **A** Hautdokter
   - **B** Hausdokter
   - **C** Generaldokter

5. Mäin Hond ass krank. Ech gi bei de(n) _____.
   - **A** Déierendokter
   - **B** Deierendokter
   - **C** Hondsdokter

6. Ech hunn en Ekzema. Ech gi bei de(n) _____.
   - **A** Kardiolog
   - **B** Hautdokter
   - **C** Urolog

7. Ech brauch eng Spang. Ech gi bei de(n) _____.
   - **A** Zänndokter
   - **B** Veterinär
   - **C** Orthopäd

8. Ech hunn ëmmer de Bauch wéi. Ech gi bei de(n) _____.
   - **A** Gastrolog
   - **B** Bauchdokter
   - **C** Neurolog

Complétez les phrases suivantes.

1. Ech gi bei den Aendokter, wann ech _____.
   - **A** eng Spang brauch
   - **B** e Bräll brauch
   - **C** en Houschtsirop brauch

Module 20
LES BASES

2. Ech gi bei de Kiné, wann ech _____.
   - **A** de Réck wéi hunn
   - **B** eng Allergie hunn
   - **C** Féiwer hunn

3. Ech ginn an d'Maison médicale, wann ech _____.
   - **A** de Weekend krank ginn
   - **B** mech langweilen
   - **C** eng Bluttanalys maache muss

4. Ech gi bei de Kannerdokter, wa(nn) _____.
   - **A** ech e Kand kréien
   - **B** mäi Kand krank ass
   - **C** ech gär e Kand hätt

5. Ech ginn an d'Urgence, wann ech _____.
   - **A** eppes ganz vill wéi hunn
   - **B** e Rezept fir Antibiotika brauch
   - **C** keng Zäit fir e Rendez-vous hunn

Focus Conversation à la pharmacie

Trouvez qui parle, le patient ou le pharmacien ?

Corrigé page 205

1. Dat kritt Dir just op Rezept.
   - **A** Patient/in
   - **B** Apdikter/Apdiktesch

2. Dir musst dat moies, mëttes an owes huelen.
   - **A** Patient/in
   - **B** Apdikter/Apdiktesch

3. Hutt Dir eng Crème géint den Ekzema?
   - **A** Patient/in
   - **B** Apdikter/Apdiktesch

Module 20
LES BASES

Corrigé page 205

4. Wéi dacks muss ech déi Pëllen huelen?
   - **A** Patient/in
   - **B** Apdikter/Apdiktesch

5. Wéi laang hutt Dir dat schonn?
   - **A** Patient/in
   - **B** Apdikter/Apdiktesch

6. Mir hu just Packunge mat 30 Pëllen.
   - **A** Patient/in
   - **B** Apdikter/Apdiktesch

7. Rembourséiert d'Gesondheetskeess dat?
   - **A** Patient/in
   - **B** Apdikter/Apdiktesch

8. Ech brauch och nach eppes géint den Houscht.
   - **A** Patient/in
   - **B** Apdikter/Apdiktesch

Focus Les expressions et verbes avec le datif

Complétez les phrases suivantes avec le pronom au datif.

1. Ech si krank. Et geet _____ net gutt.
   - **A** mech
   - **B** mir
   - **C** ech

2. Madame Christen, ass et _____ dacks dronken?
   - **A** Iech
   - **B** dech
   - **C** dir

3. Claire, ass et _____ kal?
   - **A** dech
   - **B** dir
   - **C** hir

4. D'Kanner hu Féiwer, et ass _____ waarm.
   - **A** iech
   - **B** him
   - **C** hinne

5. Mir hun ze vill giess. Et ass _____ schlecht.
   - **A** mir
   - **B** eis
   - **C** mech

6. Ass et _____ net ze waarm, Joanna?
   - **A** hir
   - **B** dir
   - **C** mir

Module 20
LES BASES

7. Mäi Réck deet _____ immens wéi.
   - **A** mech
   - **B** him
   - **C** mir

Corrigé page 205

8. A wat feelt _____ dann?
   - **A** dech
   - **B** mir
   - **C** lech

Focus Le verbe de modalité *sollen*

*Complétez les phrases suivantes avec le verbe **sollen** conjugué comme il convient.*

1. Du _____ net sou vill Schockela iessen.
   - **A** solles
   - **B** solls
   - **C** sëlls

2. Den Dokter seet, Dir _____ all Dag Sport maachen.
   - **A** sollt
   - **B** sollet
   - **C** sëllt

3. De Paul _____ net sou vill Alkohol drénken.
   - **A** sëll
   - **B** sollt
   - **C** soll

4. _____ ech lech eng Bluttanalys opschreiwen?
   - **A** Sëll
   - **B** Soll
   - **C** Sollen

5. Mir _____ elo kee Fleesch méi iessen.
   - **A** soll
   - **B** solln
   - **C** sollen

6. D'Leit _____ sech méi beweegen a manner sëtzen.
   - **A** sëllen
   - **B** sollen
   - **C** sollt

Focus Le verbe de modalité *mussen*

*Complétez les phrases suivantes avec le verbe **mussen** conjugué comme il convient.*

1. Dir _____ elo keng Medikamenter méi huelen.
   - **A** musset
   - **B** müsst
   - **C** musst

2. Du _____ onbedéngt mam Kand bei den Dokter goen.
   - **A** miss
   - **B** muss
   - **C** musses

Module 20
LES BASES

3. Wéi dacks _____ ech de Sirop huelen?
   - **A** mussen
   - **B** muss
   - **C** miss

4. Mir _____ ëmmer laang beim Dokter waarden.
   - **A** mussen
   - **B** missen
   - **C** müssen

5. Eisen Noper _____ an d'Klinick goen.
   - **A** musst
   - **B** muss
   - **C** müsst

6. _____ d'Elteren hir Kanner impfe loossen?
   - **A** Mussen
   - **B** Missen
   - **C** Müssen

Astuce Les verbes de modalité **sollen** et **mussen** (devoir) expriment une obligation, **sollen**, moins fort, exprimant plutôt un conseil ou une obligation morale. Utilisés à la forme négative, **net sollen** exprime une interdiction (moins sévère que **net däerfen**) ou un conseil, **net mussen** exprime l'absence d'obligation.

Focus Le vocabulaire de la santé

Trouvez l'intrus.

Corrigé page 205

1. E Kierperdeel oder en Organ.
   - **A** de Mo
   - **B** d'Häerz
   - **C** d'Sprëtz
   - **D** den Daarm

2. E Medikament
   - **A** e Stëppchen
   - **B** eng Plooschter
   - **C** eng Sallef
   - **D** eng Pëll

3. Wat ee moosse kann
   - **A** de Bols
   - **B** de Bluttdrock
   - **C** d'Féiwer
   - **D** d'Longen

4. Eng Blessur/Eng Verletzung
   - **A** Ech hunn d'Been gebrach.
   - **B** Ech hunn de Bauch wéi.
   - **C** Ech hunn de Fouss verstaucht.
   - **D** Ech hunn d'Hand verbrannt.

Module 20
LES BASES

Trouvez la phrase qui équivaut à celles données.

1. Huet den Dokter Iech dat Medikament verschriwwen?
   - **A** Hutt Dir eng Ordonnance vum Dokter?
   - **B** Hutt Dir eng Iwwerweisung vum Dokter?
   - **C** Huet den Dokter Iech e Medikament ginn?

2. Mat wat sidd Dir schonn operéiert ginn?
   - **A** Hat Dir eng Vollnarkos fir d'Operatioun?
   - **B** Wat fir Operatiounen hat Dir schonn?
   - **C** Wien huet Iech operéiert?

3. Verdrot Dir Antibiotiquen?
   - **A** Wat ass Är Meenung zu Antibiotika?
   - **B** Huelt Dir gär Antibiotika?
   - **C** Maacht Dir keng allergesch Reaktiounen op Antibiotika?

4. Déi Impfung musst Dir an 10 Joer erneieren.
   - **A** Déi Impfung ass 10 Joer laang gutt.
   - **B** Déi Impfung gëtt an 10 Joer obligatoresch.
   - **C** Déi Impfung muss ee mat 10 Joer maachen.

5. Wat feelt Iech?
   - **A** Wat geet net?
   - **B** Wat braucht Dir?
   - **C** Wat sidd Dir?

Focus Le vocabulaire chez le médecin

Corrigé page 205

Complétez les phrases suivantes avec le terme qui convient.

1. Wat _____ Iech dann?
   - **A** geet
   - **B** feelt
   - **C** deet

Module 20
LES BASES

2. Ech muss nach _____ moossen.
   - **A** Ären Häerzschlag
   - **B** Äert Gewiicht
   - **C** Äre Bluttdrock

   Corrigé page 205

3. Äre Fouss ass net gebrach, mee _____.
   - **A** entzünt
   - **B** verstaucht
   - **C** allergesch

4. Sidd Dir géint d'Riedele(n) _____?
   - **A** infizéiert
   - **B** immun
   - **C** geimpft

5. Ech _____ déi Pëllen net, et gëtt mir ëmmer schlecht dovun.
   - **A** verdroen
   - **B** verschreiwen
   - **C** verkafen

6. Ech muss Iech nach _____, dot wgl. Är Blus aus.
   - **A** verbannen
   - **B** ënnersichen
   - **C** ofhuelen

Module 20
LES BASES

Focus Le vocabulaire de l'hôpital

Complétez les phrases suivantes avec le terme qui convient.

Corrigé page 205

1. Wien ass Äre(n) _____?
   - **A** Chauffer
   - **B** Hausdokter
   - **C** Responsabelen

2. Hutt Dir _____ vun der Sécurité sociale dobäi?
   - **A** d'Käertche
   - **B** d'Vignette
   - **C** d'Umeldung

3. Hutt Dir eng _____ vun Ärem Hausdokter?
   - **A** Visittekaart
   - **B** Recommandatioun
   - **C** Iwwerweisung

4 Dir musst nach an _____ goen.
   - **A** d'Cafeteria
   - **B** d'Röntgen
   - **C** d'Wäschkiche

5 Äre Mann läit nach _____.
   - **A** op der Intensivstatioun
   - **B** an der Salle d'accouchement
   - **C** am Labo

Module 20
VOCABULAIRE

Verbes

mussen	*être obligé*
sollen	*devoir*
ënnersichen	*examiner*
houschten	*tousser*
wéi hunn	*avoir mal*
verschreiwen	*prescrire*
op/schreiwen	*noter*
moossen	*mesurer*
impfen	*vacciner*
feelen	*manquer*
rembourséieren	*rembourser*
sech beweegen	*bouger*
briechen	*casser*
verdroen	*supporter*
verbannen	*faire un bandage*
ofhuelen	*perdre du poids*
zouhuelen	*prendre du poids*

Noms

Ordonnance, Ordonnancen, f.	*ordonnance*
Rezept, Rezepter, n.	*ordonnance*
Iwwerweisung, Iwwerweisungen, f.	*transfert*
Dokter*, m.	*docteur, médecin*

*tous les dérivés de **Dokter** se déclinent de la même façon
(pl. : **Dokteren**, f. : **Doktesch, Dokteschen**)

Ouerendokter	*ORL*
Aendokter	*ophtalmologue*
Fraendokter	*gynécologue*
Kannerdokter	*pédiatre*
Hausdokter	*généraliste*

Module 20
VOCABULAIRE

Hautdokter	*dermatologue*
Dermatolog, Dermatologen, m.	*dermatologue*
Kiné, Kinéen, m.	*kinésithérapeute*
Orthopäd, Orthopäden, m.	*orthopédiste*
Déierendokter/Véidokter	*vétérinaire*
Veterinär, Veterinären, m.	*vétérinaire*
Zänndokter	*dentiste*
Gastrolog, Gastrologen, m.	*gastrologue*
Urolog, Urologen, m.	*urologue*
Neurolog, Neurologen, m.	*neurologue*
Orthodontist, Orthodontisten, m.	*orthodontiste*
Spang, Spangen, f.	*appareil orthodontique*
Brëll, Brëller, m.	*lunettes*
Sirop, Siropen, m.	*sirop*
Pëll, Pëllen, f.	*comprimé, pillule*
Stëppchen, Stëppercher, m.	*suppositoire*
Sallef, Sallefen, f.	*pommade, onguent*
Plooschter, Plooschteren, f.	*pansement*
Allergie, Allergien, f.	*allergie*
Féiwer, n.	*fièvre*
Bluttanalys, Bluttanalysen, f.	*analyse du sang*
Mo, Mee, m.	*estomac*
Häerz, Häerzer, n.	*cœur*
Daarm, Däerm, m.	*intestin*
Sprëtz, Sprëtzen, f.	*piqûre*
Maison medicale, Maison-medicallen, f.	*maison médicale*
Urgence, Urgencen, f.	*urgence*
Bols, m.	*pouls*
Bluttdrock, m.	*tension artérielle*
Gewiicht, n.	*poids*

Module 20
VOCABULAIRE

Häerzschlag, Häerzschléi, m.	*battement du cœur*
Vollnarkos, Vollnarkosen, f.	*anesthésie générale*
Impfung, Impfungen, f.	*vaccin*
Käertchen, Käertercher, f.	*petite carte*
Röntgen, f.	*radiologie*
Intensivstatioun, Intensivstatiounen, f.	*soins intensifs*
Labo, Laboen, m.	*laboratoire*

Adjectifs

gebrach	*cassé*
verstaucht	*luxé*
verbrannt	*brûlé*
entzünt	*inflammé*
allergesch	*allergique*
geimpft	*vacciné*

Locutions / Adverbes / Phrases essentielles

Avec le datif

Et ass mir kal	*J'ai froid.*
Et ass mir waarm	*J'ai chaud.*
Et ass mir dronken	*J'ai le vertige.*
Et ass mir schlecht	*Je me sens mal.*
Et ass mir net gutt	*Je ne me sens pas bien.*
onbedéngt	*absolument*

Module 20
CORRIGÉ

Les bases

VOTRE SCORE :

PAGES 194 - 195
Le vocabulaire des parties du corps et des médecins
1 **A** 2 **C** 3 **C** 4 **B** 5 **A** 6 **B** 7 **A** 8 **A**
1 **B** 2 **A** 3 **A** 4 **B** 5 **A**

PAGES 195 - 196
Conversation à la pharmacie
1 **B** 2 **B** 3 **B** 4 **A** 5 **B** 6 **B** 7 **A** 8 **A**

PAGES 196 - 197
Les expressions et verbes avec le datif
1 **B** 2 **A** 3 **B** 4 **C** 5 **B** 6 **B** 7 **C** 8 **C**

PAGE 197
Le verbe de modalité **sollen**
1 **B** 2 **A** 3 **C** 4 **B** 5 **C** 6 **B**

PAGES 197 - 198
Le verbe de modalité **mussen**
1 **C** 2 **B** 3 **B** 4 **A** 5 **B** 6 **A**

PAGES 198 - 199
Le vocabulaire de la santé
1 **C** 2 **B** 3 **D** 4 **B**
1 **A** 2 **B** 3 **C** 4 **A** 5 **A**

PAGES 199 - 200
Le vocabulaire chez le médecin
1 **B** 2 **C** 3 **B** 4 **C** 5 **A** 6 **B**

PAGE 201
Le vocabulaire de l'hôpital
1 **B** 2 **A** 3 **C** 4 **B** 5 **A**

Vous avez obtenu entre 0 et 19 ? Reprenez chaque question en regardant les endroits où vous avez fait des erreurs.

Vous avez obtenu entre 20 et 39 ? C'est très moyen, mais ne vous découragez pas.

Vous avez obtenu entre 40 et 59 ? Formidable ! Analysez les erreurs et, si besoin, révisez la ou les notions que vous ne maîtrisez pas complètement.

Vous avez obtenu 60 et plus ? Dir maacht dat wierklech tipptopp!

Module 21
LES BASES

Focus Les adjectifs épithètes

Complétez les phrases suivantes avec la déclinaison correcte de l'adjectif au nominatif.

Corrigé page 213

1. Meng Schwëster ass eng _____ Persoun.
   - A léiwe
   - B léif
   - C léift
   - D léiwen

2. Eise Chef ass e ganz _____ Mënsch.
   - A sympatheschen
   - B sympathesch
   - C sympathescht
   - D sympathesche

3. Deng Tatta ass eng _____ Madame.
   - A eleganten
   - B elegante
   - C elegant
   - D eleganter

4. D'Lucie ass en immens _____ Kand.
   - A schei
   - B scheit
   - C scheie
   - D scheien

5. Eis Nopere si mega _____ Leit.
   - A virwëtzege
   - B virwëtzeger
   - C virwëtzeg
   - D virwëtzegt

Complétez les phrases suivantes avec la déclinaison correcte de l'adjectif à l'accusatif.

1. Kennt Dir dee _____ Här do?
   - A schicke
   - B schicken
   - C schick
   - D schicker

2. Hues du déi _____ Kanner do gesinn?
   - A knaschteg
   - B knaschtege
   - C knaschtegt
   - D knaschtegen

3. Wéi fënns du dat _____ Léiermeedchen?
   - A nei
   - B neien
   - C neie
   - D neit

4. Häss du gär e _____ Chef?
   - A granzeg
   - B granzege
   - C granzegen
   - D granzegt

Module 21
LES BASES

5. Ech fannen eis _____ Mataarbechterin ganz sympathesch.

   A nei   **B** neien   **C** neit   **D** neier

Complétez les phrases suivantes avec la déclinaison correcte de l'adjectif au datif.

1. Hues du eppes vu menger _____ Nopesch héieren?

   A al   **B** alen   **C** aler   **D** aalt

2. Ech schaffen net gär mat engem _____ Kolleeg.

   A onpünktlechem   **B** onpünktleche   **C** onpünktlech   **D** onpünktlechen

3. Mat dësen _____ Mataarbechter ass et agreabel ze schaffen.

   A éiergäizegen   **B** éiergäizege   **C** éiergäizegem   **D** éiergäizeger

4. Wat hutt Dir zu Ärem _____ Meedche gesot?

   A frecht   **B** frechen   **C** freche   **D** frech

5. D'Sarah gëtt deem _____ Mann seng Telefonsnummer.

   A interessanter   **B** interessantem   **C** interessante   **D** interessanten

Complétez les phrases suivantes avec la déclinaison correcte de l'adjectif employé sans article.

Corrigé page 213

1. Dee Wäin passt gutt bei _____ Fleesch.

   A roudem   **B** routem   **C** rout   **D** route

2. Mat _____ Mo schafft een net gutt.

   A eideler   **B** eidelem   **C** eidele   **D** eidelen

3. Wéinst _____ Schnéi ass d'Autobunn gespaart.

   A staarkem   **B** staarker   **C** staarke   **D** staarkt

Module 21
LES BASES

Corrigé page 213

4. Mat _____ Mëllech schmaacht de Kaffi nach besser.
   - **A** waarmer
   - **B** waarm
   - **C** waarme
   - **D** waarmen

5. _____ Uebst ass ganz gesond.
   - **A** Fräschen
   - **B** Fräschem
   - **C** Fräscher
   - **D** Fräscht

> **Astuce** Seul l'adjectif épithète est décliné en genre et en nombre. Il se place toujours devant le nom. Attention à la règle du **-n** ! Souvent, c'est l'article défini démonstratif **(deen, déi, dat, déi)** au lieu de l'article défini simple **(den, d', d', d')** qui précède les adjectifs épithètes. La forme de l'adjectif reste la même quelque soit l'article utilisé. Sans article, il y a seulement un changement au datif masculin et neutre singulier.

Complétez les phrases suivantes avec la déclinaison correcte de l'adjectif.

1. Mat _____ Leit ass et agreabel ze schaffen.
   - **A** fläisseg
   - **B** fläissege
   - **C** fläissegen
   - **D** fläisseger

2. Firwat dees du deen _____ Pullover un?
   - **A** al-moudeschem
   - **B** al-moudeschen
   - **C** al-moudesche
   - **D** al-moudesch

3. Däi _____ Hiem geet dir immens gutt.
   - **A** groen
   - **B** groe
   - **C** groem
   - **D** grot

4. Wëlls du dës _____ Fra kenne léieren?
   - **A** léift
   - **B** léiwe
   - **C** léiwer
   - **D** léif

5. Fir déi Aarbecht brauche mir e _____ Mann.
   - **A** staarker
   - **B** staarken
   - **C** staarke
   - **D** staarkem

6. Déi Jupe passt gutt bei eng _____ Blus.
   - **A** klassescher
   - **B** klassesch
   - **C** klasseschen
   - **D** klassesche

7. Mat enger _____ Equipe ass gutt schaffen.
   - **A** motivéiertem
   - **B** motivéierter
   - **C** motivéiert
   - **D** motivéierten

8. Hues du scho vun deem _____ Direkter héieren?
   - **A** neiem
   - **B** neie
   - **C** neien
   - **D** nei

Module 21
LES BASES

9. Ech drénken net gär aus engem _____ Becher.

   A metallene   **B** metalle   **C** metallenem   **D** metaller

10. D'Nopesch schwätzt ganz schlecht iwwert hire_____ Mann.

    A fréieren   **B** fréierem   **C** fréier   **D** fréiere

---

Focus — **Le vocabulaire de la description des personnes : émotions et caractères**

Corrigé page 213

Trouvez l'intrus parmi les caractéristiques positives données.

1. Mäin neie Kolleeg ass _____.

   A flott   **B** generéis   **C** liddereg

2. Ass Är nei Mataarbechterin dacks _____?

   A pünktlech   **B** granzeg   **C** hëllefsbereet

3. Eis Nopere sinn immens _____.

   A virwëtzeg   **B** uerdentlech   **C** éierlech

4. Ech hunn net gär Leit, déi _____ sinn.

   A schei   **B** knéckeg   **C** fläisseg

5. De Philippe ass an der leschter Zäit ëmmer esou _____.

   A interessant   **B** jalous   **C** elegant

Trouvez l'intrus parmi les caractéristiques négatives données.

1. Mir sichen eng _____ Mataarbechterin.

   A liddereg   **B** fläisseg   **C** virwëtzeg

2. Mir hu Chance, eis Nopere sinn immens _____.

   A hëllefsbereet   **B** ontolerant   **C** knaschteg

3. Op menger Aarbecht sinn immens vill _____ Leit.

   A onuerdentlech   **B** éiergäizeg   **C** neidesch

Module 21
LES BASES

Corrigé page 213

4. Ech versti mech gutt mat Leit, déi _____ sinn.
   - A onéierlech
   - B onfrëndlech
   - C onkomplizéiert

5. Wat hutt Dir awer _____ Kanner!
   - A komesch
   - B frech
   - C brav

Complétez les phrases suivantes avec le contraire de l'adjectif souligné.

1. Hien ass net <u>fläisseg</u>, hien ass _____.
   - A éiergäizeg
   - B onfläisseg
   - C liddereg

2. Si ass net <u>schéin</u>, si ass _____.
   - A onschéin
   - B ellen
   - C flott

3. Mir sinn net <u>pünktlech</u>, mir sinn _____.
   - A onpünktlech
   - B zäitlech
   - C uerdentlech

4. Ass de Film <u>interessant</u> oder _____?
   - A liddereg
   - B langweileg
   - C oninteressant

5. Déi Leit sinn net <u>generéis</u>, si si _____.
   - A schei
   - B knéckeg
   - C ongeneréis

6. Fëmmen ass net <u>gesond</u>, dat ass _____.
   - A krank
   - B frësch
   - C ongesond

Astuce Souvent, le contraire d'un adjectif se forme en ajoutant le préfixe **on-**. Ainsi, par exemple, le contraire de **sécher** *(sûr)* est **onsécher** *(peu ou pas sûr, dangereux, incertain).*

Complétez les phrases suivantes avec l'adjectif qui convient.

1. Eng Persoun, déi net gär Suen ausgëtt, ass _____.
   - A knaschteg
   - B knéckeg
   - C knoutereg

2. Eng Persoun, déi vill Ambitiounen huet, ass _____.
   - A ambivalent
   - B éiergäizeg
   - C éierlech

Module 21
LES BASES

3. Eng Persoun, déi net vill an net gär schafft, ass _____.
   - **A** liddereg
   - **B** langweileg
   - **C** lëschteg

4. Eng Persoun, déi vill fir anerer mécht, ass _____.
   - **A** fläisseg
   - **B** tolerant
   - **C** hëllefsbereet

5. Eng Persoun, déi ëmmer alles wësse wëllt, ass _____.
   - **A** intelligent
   - **B** virwëtzeg
   - **C** courageiert

Trouvez la définition de l'adjectif souligné.

Corrigé page 213

1. D'Clara ass immens schei.
   - **A** Hatt schafft ganz vill.
   - **B** Hatt ass ganz flott.
   - **C** Hatt huet net gär Kontakt mat Leit.

2. De Chris ass ganz uerdentlech.
   - **A** Hie raumt ëmmer seng Saachen.
   - **B** Hie kënnt ëmmer mat Zäit.
   - **C** Hie seet ëmmer Moien.

3. D'Sarah ass immens héiflech.
   - **A** Hatt weess immens vill.
   - **B** Hatt huet gutt Manéieren.
   - **C** Hatt kuckt sech gär am Spigel.

4. Den Daniel ass ganz virwëtzeg.
   - **A** Hie geet gär eraus.
   - **B** Hie mécht dacks Witzer.
   - **C** Hie wëllt ëmmer alles wëssen.

5. D'Lydie ass zimlech liddereg.
   - **A** Hatt schafft net gär.
   - **B** Hatt ka gutt sangen.
   - **C** Hatt gëtt net gär Suen aus.

Module 21
VOCABULAIRE

Adjectifs / Adverbes

éiergäizeg	ambitieux
éierlech	honnête
ellen	moche
flott	chouette, beau
frech	insolent
generéis	généreux
gesond	bon pour la santé, en bonne santé
hëllefsbereet	serviable
jalous	jaloux
knaschteg	sale
knéckeg	radin, avare
krank	malade
langweileg	ennuyeux
léif	gentil, mignon
liddereg	paresseux
ongesond	mauvais pour la santé
pünktlech	ponctuel
schei	timide
schick	chic
staark	fort
sympathesch	sympathique
virwëtzeg	curieux

Articles

deen, déi, dat, déi	article défini tonique ou démonstratif : *le*, *la*, *les* / *ce*, *cette*, *ces*
den, d', d', d'	article défini : *le*, *la*, *les*
en, eng, en (pas d'article au pluriel)	article indéfini : *un*, *une*, *des*
dësen, dës, dëst, dës	article démonstratif : *ce*, *cette*, *ces* (le plus souvent utilisé pour exprimer *ce ...-ci*)

Module 21
CORRIGÉ

Les bases

PAGES 206 - 209

Les adjectifs épithètes

1 **B** 2 **D** 3 **C** 4 **B** 5 **C**
1 **B** 2 **A** 3 **D** 4 **B** 5 **A**
1 **C** 2 **B** 3 **B** 4 **C** 5 **C**
1 **C** 2 **B** 3 **A** 4 **A** 5 **D**
1 **B** 2 **C** 3 **D** 4 **D** 5 **C** 6 **B** 7 **B** 8 **C** 9 **A** 10 **D**

PAGES 209 - 211

Le vocabulaire de la description des personnes : émotions et caractères

1 **C** 2 **B** 3 **A** 4 **B** 5 **B**
1 **B** 2 **A** 3 **B** 4 **C** 5 **C**
1 **C** 2 **B** 3 **A** 4 **B** 5 **B** 6 **C**
1 **B** 2 **B** 3 **A** 4 **C** 5 **B**
1 **C** 2 **A** 3 **B** 4 **C** 5 **A**

VOTRE SCORE :

Vous avez obtenu entre 0 et 18 ? Reprenez chaque question en regardant les endroits où vous avez fait des erreurs.

Vous avez obtenu entre 19 et 36 ? C'est très moyen, mais ne vous découragez pas.

Vous avez obtenu entre 37 et 54 ? Formidable ! Analysez les erreurs et, si besoin, révisez la ou les notions que vous ne maîtrisez pas complètement.

Vous avez obtenu 55 et plus ? Dir maacht dat wierklech tipptopp!

Module 22
LES BASES

Focus Les verbes à régime prépositionnel

Complétez les phrases suivantes avec la combinaison préposition + article qui convient.

Corrigé page 221

1. D'Educatrice këmmert sech _____ Kanner.
   - A ëm de
   - B fir de
   - C ëm d'
   - D vun der

2. An der Reunioun schwätze mir _____ Problemer mat de Schüler.
   - A iwwert de
   - B iwwert d'
   - C vun dem
   - D vun der

3. Deng Notten hänke vill _____ Proff of.
   - A mat dem
   - B vun dem
   - C iwwert de
   - D op dem

4. Fir eis Feier rechne mir och _____ Direkter.
   - A mat eiser
   - B mat eisem
   - C vun eisen
   - D op eisen

5. Mir mussen eis _____ neie System gewinnen.
   - A un den
   - B an den
   - C op den
   - D iwwert den

Complétez les phrases suivantes avec la préposition qui convient.

1. Ech denken dacks _____ meng Schoulzäit.
   - A a(n)
   - B op
   - C u(n)
   - D vu(n)

2. Erënners du dech _____ deng Léierin?
   - A op
   - B vun
   - C iwwert
   - D un

3. Mir freeën eis immens _____ déi nächst Vakanz.
   - A iwwert
   - B op
   - C an
   - D vun

4. _____ wat solle mir am Cours schwätzen?
   - A Iwwert
   - B Mat
   - C Op
   - D Bei

5. D'Schüler interesséiere sech _____ vill Fächer.
   - A u(n)
   - B fir
   - C mat
   - D iwwert

214

Module 22
LES BASES

Complétez les phrases suivantes avec l'article au cas et au nombre qui conviennent.

1. Ech schwätzen net gär iwwert _____ leschten Test.
   - **A** de
   - **B** dat
   - **C** dem
   - **D** der

2. Heiansdo denke mir un _____ flott Schoulzäit.
   - **A** eise
   - **B** eis
   - **C** eisem
   - **D** eist

3. Wat verstees du ënnert _____ positive Feedback?
   - **A** enger
   - **B** eng
   - **C** e
   - **D** engem

4. D'Schüler waarden elo schonn eng Stonn op _____ Proff.
   - **A** hirer
   - **B** hir
   - **C** hire
   - **D** hirem

5. D'Schülerin freet sech iwwert _____ gutt Resultat.
   - **A** hiert
   - **B** säi
   - **C** seng
   - **D** hirem

Astuce Il est recommandé d'apprendre par cœur la structure verbe + préposition + cas.

Focus Les adjectifs à régime prépositionnel

Corrigé page 221

Complétez les phrases suivantes avec la préposition qui convient.

1. D'Elteren si ganz houfreg _____ hir Kanner.
   - **A** fir
   - **B** op
   - **C** mat
   - **D** vun

2. Sidd Dir zefridde _____ dem Service hei?
   - **A** mat
   - **B** iwwert
   - **C** fir
   - **D** op

3. Wien ass hei responsabel _____ d'Sécherheet?
   - **A** op
   - **B** fir
   - **C** mat
   - **D** vun

4. Mir sinn net ëmmer averstan _____ deenen anere Proffen.
   - **A** iwwert
   - **B** vun
   - **C** mat
   - **D** an

5. Den Här an d'Madame Melchior si ganz frou _____ hire Choix.
   - **A** op
   - **B** iwwert
   - **C** mat
   - **D** vun

Module 22
LES BASES

Complétez les phrases suivantes avec l'adjectif qui convient.

Corrigé page 221

1. Vill Schüler sinn net un de Wëssenschafte(n) _____.
   - **A** engagéiert **B** responsabel **C** interesséiert **D** averstan

2. Du hues gutt Notten, du kanns _____ op dech sinn!
   - **A** frou **B** zefridden **C** frëndlech **D** stolz

3. Meng Kanner si(nn) _____ vun hirem Handy, si kënnen net ouni Handy liewen!
   - **A** responsabel **B** zefridden **C** ofhängeg **D** houfreg

4. D'Proffe si ganz _____ mat der neier Schülerin, si schafft ganz gutt.
   - **A** ofhängeg **B** rose **C** zefridde **D** stolz

5. Firwat sidd Dir net _____ mat Äre Kolleegen?
   - **A** frëndlech **B** interesséiert **C** houfreg **D** responsabel

Complétez les phrases suivantes avec l'article au cas et au nombre qui conviennent.

1. Ech sinn net averstan mat _____ Reform.
   - **A** dem **B** de **C** d' **D** der

2. Dir kënnt wierklech houfreg iwwert _____ Resultater sinn.
   - **A** Äre **B** Äert **C** Är **D** Ärem

3. Sidd Dir un _____ Gespréich mam Direkter interesséiert?
   - **A** e **B** eng **C** engem **D** enger

4. D'Reussite vun de Schüler ass zum Deel ofhängeg vun _____ Proffen.
   - **A** d' **B** dem **C** der **D** de

5. Déi meescht Eltere si ganz zefridde mat _____ Resultater vun hire Kanner.
   - **A** dem **B** de **C** der **D** d'

Module 22
LES BASES

Focus Le double possessif

Complétez les phrases suivantes avec la combinaison de possessifs qui convient.

1. _____ Nina _____ Léierin ass ganz kompetent.
   - **A** Dem/säi
   - **B** Der/hir
   - **C** Dem/seng
   - **D** Dem/hir

2. _____ Ben _____ Schoulmeeschter hëlleft him vill.
   - **A** Dem/säi
   - **B** Dem/seng
   - **C** Dem/sengem
   - **D** De/säi

3. _____ Léierin _____ Kompetenze sinn déi bescht.
   - **A** Der/säi
   - **B** Dem/säi
   - **C** Der/hire
   - **D** Der/hir

4. Mir ginn an _____ Direkter _____ Büro fir den Entretien.
   - **A** der/hire
   - **B** dem/seng
   - **C** den/sengem
   - **D** dem/säi

5. D'Elteren interesséiere sech fir _____ Kanner _____ Progrèsen.
   - **A** dem/seng
   - **B** dem/hir
   - **C** de/hir
   - **D** der/hire

Complétez les phrases suivantes avec la combinaison de possessifs qui convient.

Corrigé page 221

1. D'Resultater hänke vun _____ Kanner _____ Efforten of.
   - **A** de/sengen
   - **B** d'/sengen
   - **C** de/hiren
   - **D** de/hir

2. De Mathésproff schwätzt mat _____ Schülerin _____ Elteren.
   - **A** der/hiren
   - **B** der/sengen
   - **C** de/seng
   - **D** de/hir

3. D'Psychologin hëlleft _____ Madame Tessier _____ Duechter.
   - **A** d'/hir
   - **B** der/hir
   - **C** der/hirer
   - **D** der/senger

4. Mir si ganz zefridde mat _____ Studenten _____ Resultater.
   - **A** de/senge
   - **B** de/hire
   - **C** der/hirer
   - **D** der/senger

5. D'Studente rechne mat _____ Direktesch _____ Demissioun.
   - **A** dem/senger
   - **B** der/seng
   - **C** der/hirer
   - **D** dem/hir

Module 22
LES BASES

> **Astuce** Le premier élément (article défini, indéfini, démonstratif ou possessif) est toujours au datif et il s'accorde en genre et en nombre avec le nom auquel il se rapporte. Le deuxième, toujours un possessif à la 3ᵉ personne (m., f. ou n., sg. ou pl.), s'accorde en genre et en nombre avec le premier et se décline au nominatif, accusatif ou datif suivant sa fonction dans la phrase.

Complétez les phrases suivantes avec le pronom prépositionnel qui convient.

1. De Service ass ganz gutt, ech si ganz zefridden _____.
   - A doromat
   - B mat dat
   - C domat
   - D dormat

2. D'Diskussioun war net schlecht, mee ech interesséiere mech net _____.
   - A dovun
   - B dofir
   - C vun deem
   - D fir dat

3. Ech halen op mat fëmmen, ech wëll net ofhängeg _____ sinn.
   - A domat
   - B dofir
   - C dovu(n)
   - D doru(n)

4. Muer fänkt d'Vakanz un, ech freeë mech immens _____.
   - A dorun
   - B iwwert do
   - C dop
   - D dorop

5. Meng Schoulzäit war immens flott; ech denken dacks _____.
   - A dran
   - B drun
   - C un do
   - D op dat

> **Astuce** Pour les prépositions commençant par une voyelle, le pronom prépositionnel se compose de **dr** + préposition ou de **dor** + préposition (par exemple : **op → drop/dorop**). Ces pronoms ne s'utilisent que pour des objets, et non pour des personnes.

Trouvez la question qui correspond à la réponse donnée.
Plusieurs réponses sont possibles !

Corrigé page 221

1. D'Kanner freeë sech op d'Vakanz.
   - A Op wat freeën d'Kanner sech?
   - B Wat freeën d'Kanner sech op?
   - C Wie freet sech op d'Vakanz?

Module 22
VOCABULAIRE

2. Dem Lisa seng Mamm schwätzt mam Direkter.

    A Wie schwätzt mam Direkter?

    B Mat wiem schwätzt si?

    C Wiem seng Mamm schwätzt mam Direkter?

3. Hien interesséiert sech net fir Mathé.

    A Wat interesséiert sech de Maxime?

    B Firwat interesséiert sech de Maxime net fir Mathé?

    C Fir wat interesséiert sech de Maxime net?

4. Jo, mir si ganz houfreg drop.

    A Op wat sidd dir houfreg?

    B Sidd Dir houfreg op Är Kanner?

    C Sidd Dir houfreg op Är Resultater?

5. Dat hänkt dovun of.

    A Wat wëlls du studéieren?

    B Firwat häls du op mat fëmmen?

    C Gees du haut spadséieren?

Verbes

sech këmmeren ëm + acc.	*s'occuper de*
schwätzen iwwert + acc.	*parler de*
schwätze vun + dat.	*parler de*
schwätze mat + dat.	*parler avec*
ofhänke vun + dat.	*dépendre de*
rechne mat + dat.	*compter sur*
sech gewinnen un + acc.	*s'habituer à*
denken un + acc.	*penser à*

Module 22
VOCABULAIRE

sech erënneren un + acc.	*se souvenir de*
sech freeën op + acc.	*se réjouir de (au futur)*
sech freeën iwwert + acc.	*se réjouir de (au présent)*
sech interesséiere fir + acc.	*s'intéresser à*
verstoen ënnert + dat.	*entendre par*
waarden op + acc.	*attendre*

Adjectifs / Adverbes

houfreg iwwert/op + acc.	*fier de*
stolz op + acc.	*fier de*
zefridde mat + dat.	*content / satisfait de*
responsabel fir + acc.	*responsable pour*
averstan mat + dat.	*d'accord avec*
frou iwwert + acc. / **mat** + dat.	*content de*
ofhängeg vun + dat.	*dépendant de*
interesséiert un + acc.	*intéressé à*

Module 22
CORRIGÉ

Les bases

PAGES 214 - 215
Les verbes à régime prépositionnel
1 **C** 2 **B** 3 **B** 4 **B** 5 **A**
1 **C** 2 **D** 3 **B** 4 **A** 5 **B**
1 **A** 2 **B** 3 **D** 4 **C** 5 **A**

PAGES 215 - 216
Les adjectifs à régime prépositionnel
1 **B** 2 **A** 3 **B** 4 **C** 5 **B**
1 **C** 2 **D** 3 **C** 4 **C** 5 **A**
1 **D** 2 **C** 3 **C** 4 **D** 5 **B**

PAGES 217 - 219
Le double possessif
1 **C** 2 **A** 3 **D** 4 **D** 5 **C**
1 **C** 2 **A** 3 **C** 4 **B** 5 **C**
1 **C** 2 **B** 3 **C** 4 **D** 5 **B**
1 **A/C** 2 **A/B/C** 3 **C** 4 **C** 5 **A/C**

Vous avez obtenu entre 0 et 9 ? Reprenez chaque question en regardant les endroits où vous avez fait des erreurs.

Vous avez obtenu entre 10 et 33 ? C'est très moyen, mais ne vous découragez pas.

Vous avez obtenu entre 34 et 48 ? Formidable ! Analysez les erreurs et, si besoin, révisez la ou les notions que vous ne maîtrisez pas complètement.

Vous avez obtenu 49 et plus ? Dir maacht dat wierklech tipptopp!

Module 23
LES BASES

Focus Les verbes de modalité

Trouvez le verbe de modalité pouvant remplacer le ou les mot(s) souligné(s).

Corrigé page 230

1. Et ass <u>verbueden</u> ze fëmmen.
   - **A** däerfen
   - **B** mussen
   - **C** net däerfen
   - **D** net mussen

2. Mir <u>brauche</u> sonndes <u>net</u> ze schaffen.
   - **A** net mussen
   - **B** net däerfen
   - **C** net kënnen
   - **D** mussen

3. Et <u>ass obligatoresch</u>, d'Kanner unzemellen.
   - **A** sollen
   - **B** däerfen
   - **C** mussen
   - **D** kënnen

4. Et <u>ass besser</u>, wann d'Kanner eng Mëttesrascht maachen.
   - **A** mussen
   - **B** net däerfen
   - **C** sollen
   - **D** net sollen

5. De Kanner <u>ass</u> et <u>erlaabt</u>, nom lessen en Dessert ze iessen.
   - **A** sollen
   - **B** net sollen
   - **C** mussen
   - **D** däerfen

6. <u>Ass</u> et <u>méiglech</u>, d'Kanner um 10 Auer an d'Crèche ze bréngen?
   - **A** sollen
   - **B** däerfen
   - **C** net mussen
   - **D** kënnen

7. Ech <u>géif</u> och <u>gär</u> eng Kéier éischter heemgoen.
   - **A** mussen
   - **B** net däerfen
   - **C** wëllen
   - **D** däerfen

Complétez les phrases suivantes avec le verbe de modalité conjugué comme il convient au présent.

1. _____ Dir d'Kanner an d'Schoul siche goen?
   - **A** Musst
   - **B** Misst
   - **C** Müsst
   - **D** Muss

2. Um wéi vill Auer _____ du hei sinn?
   - **A** kënns
   - **B** kanns
   - **C** konns
   - **D** kannt

3. Mir _____ net mat de Schong an d'Schlofkummer goen.
   - **A** däerf
   - **B** däerft
   - **C** däerfen
   - **D** däerfsten

Module 23
LES BASES

4. D'Kanner _____ nom lessen eng Mëttesrascht halen.
   - **A** missen
   - **B** mussen
   - **C** musst
   - **D** muss

5. _____ Dir haut e bësse méi spéit kommen?
   - **A** Kommt
   - **B** Kannt
   - **C** Konnt
   - **D** Kënnt

6. D'Anna _____ säin Uebst net iessen.
   - **A** woll
   - **B** wëllen
   - **C** wollt
   - **D** wëllt

Complétez les phrases suivantes avec le verbe de modalité conjugué comme il convient. Plusieurs réponses sont possibles !

Corrigé page 230

1. De Pit _____ onbedéngt schwamme léieren.
   - **A** kann
   - **B** muss
   - **C** soll
   - **D** wëll

2. Hei _____ mir net an d'Waasser goen, dat ass ze geféierlech.
   - **A** däerfe
   - **B** wëlle
   - **C** solle
   - **D** këkne

3. Ech _____ elo leider net mat dir schwätzen, ech hu keng Zäit.
   - **A** wëll
   - **B** muss
   - **C** kann
   - **D** soll

4. Du _____ manner Chipsen iessen, dat ass net gutt fir deng Gesondheet.
   - **A** kanns
   - **B** muss
   - **C** solls
   - **D** däerfs

5. An der Crèche _____ d'Kanner keng Tëlee kucken.
   - **A** wëllen
   - **B** kënnen
   - **C** mussen
   - **D** däerfen

Astuce Attention à ne pas traduire littéralement : *je dois* / **ech muss**, *je ne dois pas* / ~~ech muss net~~ → **ech däerf net** !
mussen : *devoir, être obligé* – **net mussen** : *ne pas être obligé*
däerfen : *avoir la permission* – **net däerfen** : *ne pas avoir la permission*

Module 23
LES BASES

Trouvez à quel verbe à l'infinitif correspond le verbe conjugué souligné dans les phrases suivantes.

Corrigé page 230

1. Haut <u>kënnt</u> d'Anna bei eis spillen.
   - **A** kommen
   - **B** kënnen
   - **C** kennen

2. <u>Kennt</u> Dir eng gutt Crèche hei an der Géigend?
   - **A** kommen
   - **B** kënnen
   - **C** kennen

3. Du <u>kanns gär</u> den Owend bei mir d'Tëlee kucken.
   - **A** kommen
   - **B** kënnen
   - **C** kennen

4. Dir <u>kënnt</u> am Sproochenzentrum den Test maachen.
   - **A** kommen
   - **B** kënnen
   - **C** kennen

5. <u>Kënns</u> du deng Kanner um 6 Auer sichen?
   - **A** kommen
   - **B** kënnen
   - **C** kennen

*Complétez les phrases suivantes avec les verbes **kommen**, **kënnen** ou **kennen** conjugués comme il convient au présent.*

1. De Sven weess nach net, ob hien op d'Party komme _____.
   - **A** kënnt
   - **B** kann
   - **C** kannt
   - **D** kommt

2. _____ Dir scho vill Leit hei?
   - **A** Kannt
   - **B** Kommt
   - **C** Kënnt
   - **D** Kennt

3. _____ Dir mir soen, wéini Dir hei sidd?
   - **A** Kanns
   - **B** Kënnt
   - **C** Kannt
   - **D** Kommt

4. D'Lena _____ d'nächst Joer an de Precoce.
   - **A** kannt
   - **B** kommt
   - **C** kenns
   - **D** kënnt

5. Hatt _____ schonn e puer Kanner aus der Crèche.
   - **A** kann
   - **B** kënnt
   - **C** kennt
   - **D** kanner

Astuce Au présent, les verbes **kommen**, **kennen** et **kënnen** ont des paradigmes de conjugaison similaires et se confondent souvent, surtout aux 2ᵉ et 3ᵉ personne du singulier et à la 2ᵉ personne du pluriel.

Module 23
LES BASES

Focus Le pronom indéfini *een (on)*

Transformez les phrases suivantes en remplaçant le sujet par le pronom indéfini een. Plusieurs réponses sont possibles !

1. D'Leit sollen hir Kanner net eleng am Auto loossen.
   - **A** D'Kanner soll een net eleng am Auto loossen.
   - **B** Am Auto soll et een d'Kanner net eleng loossen.
   - **C** Et soll een d'Kanner net eleng am Auto loossen.

2. An der Stad kënnen d'Awunner ënnert ville gudde Crèchë wielen.
   - **A** An der Stad et kann een ënnert ville gudde Crèchë wielen.
   - **B** Ee kann an der Stad ënnert ville gudde Crèchë wielen.
   - **C** Et kann een an der Stad ënnert ville gudde Crèchë wielen.

3. Mir mussen d'Kanner all Joer nei umellen.
   - **A** Ee muss d'Kanner all Joer nei umellen.
   - **B** Et muss een d'Kanner all Joer nei umellen.
   - **C** D'Kanner muss et een all Joer nei umellen.

4. D'Kanner iessen net, ouni d'Hänn virdrun ze wäschen.
   - **A** Et iessen net, ouni d'Hänn virdrun ze wäschen.
   - **B** Et ësst een net, ouni d'Hänn virdrun ze wäschen.
   - **C** Een ësst net d'Kanner, ouni d'Hänn virdrun ze wäschen.

5. D'Educatricë weisen de Kanner, wat si spille kënnen.
   - **A** Et weist een de Kanner, wat si spille kënnen.
   - **B** Si weisen een de Kanner, wat si spille kënnen.
   - **C** Ee weist et de Kanner, wat si spille kënnen.

Astuce Le pronom indéfini **een** ne se trouve jamais en début de phrase. Le cas échéant, il faut commencer par **Et ...**

Module 23
LES BASES

Focus *kennen/wëssen/kënnen*

*Complétez les phrases suivantes avec les verbes **kennen**, **wëssen** ou **kënnen** conjugués comme il convient au présent.*

Corrigé page 230

1. Ech _____ de Wee net.
   - **A** kann
   - **B** weessen
   - **C** kennen
   - **D** kannen

2. _____ du, wou d'Maison relais ass?
   - **A** Weesst
   - **B** Weess
   - **C** Kenns
   - **D** Kanns

3. Muer _____ mir d'Kanner eréischt um zwou Auer siche kommen.
   - **A** kenne
   - **B** kënne
   - **C** kanne
   - **D** komme

4. _____ Dir d'Reglement vun der Crèche?
   - **A** Weesst
   - **B** Kennt
   - **C** Weess
   - **D** Kënnt

5. Firwat _____ Dir net, wéi dat heescht?
   - **A** weesst
   - **B** wësst
   - **C** kënnt
   - **D** kennt

> **Astuce** **kennen** + nom → Exemple : **Ech kenne seng Adress.**
> **wëssen** + subordonnée → Exemple : **Ech weess, wou hie wunnt.**
> **kënnen** : *savoir faire qqch.*
> *Je sais nager* : **Ech ka schwammen.**
> *Je sais où se trouve une piscine* : **Ech weess, wou eng Schwämm ass.**
> *Je connais une piscine* : **Ech kennen eng Schwämm.**

Focus **Les adverbes de temps**

Parmi les adverbes ou locutions adverbiales proposés, un seul ne convient pas. Trouvez-le.

1. D'Kanner sollen _____ eng Mëttesrascht halen.
   - **A** nomëttes
   - **B** heiansdo
   - **C** ni
   - **D** gëschter

2. Hautdesdaags hunn d'Leit _____ Allergien.
   - **A** dacks
   - **B** oft
   - **C** heefeg
   - **D** dagsiwwer

Module 23
LES BASES

3. An der Maison relais kréien d'Kanner _____ selwer gekachtent lessen.
   - (A) owes
   - (B) dacks
   - (C) meeschtens
   - (D) heiansdo

4. An der Schoulzäit musse mir _____ opstoen.
   - (A) mat Zäit
   - (B) ni
   - (C) fréi
   - (D) pünktlech

5. Am Summer kënnen d'Kanner _____ dobausse spillen.
   - (A) dacks
   - (B) spéit
   - (C) muer
   - (D) mueres

Complétez les phrases suivantes avec l'adverbe qui convient le mieux.

Corrigé page 230

1. Kommt Dir _____ nach an d'Eltereversammlung?
   - (A) gëschter
   - (B) geschwënn
   - (C) herno

2. Wéi _____ kréien d'Kanner an der Crèche z'iessen?
   - (A) elo
   - (B) dacks
   - (C) meeschtens

3. Ech muss d'Kanner _____ an d'Maison relais siche goen, si hu just bis 5 Auer op haut.
   - (A) dacks
   - (B) geschwënn
   - (C) spéit

4. Ech hunn _____ keng Zäit, komm _____ nach eng Kéier!
   - (A) da(nn)/elo
   - (B) elo/duerno
   - (C) duerno/elo

5. Mir ginn d'Crèche kucken, mee mir mussen eis _____ umellen.
   - (A) duerno
   - (B) ni
   - (C) virdrun

Complétez les phrases suivantes avec l'adverbe ou la locution adverbiale qui convient.

1. _____ ginn d'Kanner eraus spillen, dann iessen si zu Mëtteg.
   - (A) Fir d'éischt
   - (B) Duerno
   - (C) Zum Schluss

2. Mir hunn _____ eng Plaz fir eist Meedchen an der Crèche kritt.
   - (A) virun
   - (B) endlech
   - (C) jeemools

Module 23
VOCABULAIRE

Corrigé page 230

3. Et ass _____ 12 Auer, d'Schoul ass a fënnef Minutten eriwwer.
   - **A** herno
   - **B** schliisslech
   - **C** bal

4. Et ass _____ hallwer 12, mir hunn nach eng hallef Stonn Zäit.
   - **A** eréischt
   - **B** nëmmen
   - **C** endlech

5. _____ huet et dem Nina net an der Crèche gefall, mee elo geet et.
   - **A** Herno
   - **B** Ufanks
   - **C** Schlussendlech

Verbes

mussen	devoir, être obligé
sollen	devoir (sens moins strict)
däerfen	avoir l'autorisation
kënnen	pouvoir
wëllen	vouloir
kennen	connaître
wëssen	savoir

Noms

Mëttesrascht, Mëttesraschten, f.	sieste
Maison relais, Maison-relaisen, f.	activité d'accueil socio-éducatif temporaire sans hébergement d'enfants de moins de 18 ans.
Crèche, Crèchen, f.	crèche
Precoce, m.	offre éducative et facultative pour les enfants de 3 à 4 ans (obligation scolaire à partir de 4 ans).

Adverbes/Locutions adverbiales

dacks	souvent
dagsiwwer	durant la journée
fréi	tôt
heefeg	(aussi adjectif) souvent, fréquent

Module 23
VOCABULAIRE

heiansdo	*parfois*
mat Zäit	*à temps*
meeschtens	*le plus souvent, la plupart du temps*
mueres (= moies)	*le matin*
ni	*jamais*
oft	*souvent*
spéit	*tard*
endlech	*enfin*
geschwënn	*bientôt*
virdrun	*avant*
zum Schluss	*à la fin*
fir d'éischt	*d'abord*
jeemools	*jamais*
schliisslech	*finalement*
bal	*presque*
eréischt	*seulement*
ufanks	*au début*
schlussendlech	finalement

Pronom

een	*on*

Conjonction

ouni ... ze	*sans* + infinitif

Module 23
CORRIGÉ

Les bases

PAGES 222 - 224
Les verbes de modalité
1 **C** 2 **A** 3 **C** 4 **C** 5 **D** 6 **D** 7 **C**
1 **A** 2 **B** 3 **C** 4 **B** 5 **D** 6 **D**
1 **B/C/D** 2 **A** 3 **C** 4 **C** 5 **D**
1 **A** 2 **C** 3 **B** 4 **B** 5 **A**
1 **B** 2 **D** 3 **B** 4 **D** 5 **C**

PAGE 225
Pronom indéfini **een** *(on)*
1 **A/C** 2 **C** 3 **B** 4 **B** 5 **A**

PAGE 226
kennen/wëssen/kënnen
1 **C** 2 **B** 3 **B** 4 **B** 5 **B**

PAGES 226 - 228
Les adverbes de temps
1 **D** 2 **D** 3 **A** 4 **B** 5 **C**
1 **C** 2 **B** 3 **B** 4 **B** 5 **C**
1 **A** 2 **B** 3 **C** 4 **A** 5 **B**

Vous avez obtenu entre 0 et 18 ? Reprenez chaque question en regardant les endroits où vous avez fait des erreurs.

Vous avez obtenu entre 19 et 36 ? C'est très moyen, mais ne vous découragez pas.

Vous avez obtenu entre 37 et 51 ? Formidable ! Analysez les erreurs et, si besoin, révisez la ou les notions que vous ne maîtrisez pas complètement.

Vous avez obtenu 52 et plus ? Dir maacht dat wierklech tipptopp!

Module 24
LES BASES

Focus L'impératif

Conjuguez les verbes entre parenthèses à l'impératif, à la 2ᵉ personne du pluriel.

1. (Ënnerschreiwen) wgl. nach dat Dokument!
   - **A** Ënnerschreiwen
   - **B** Ënnerschreif
   - **C** Ënnerschreift

2. (Schécken) déi E-Mail haut nach fort!
   - **A** Schécks
   - **B** Schéckt
   - **C** Schéck

3. (Iwwersetzen) dee Bréif op Lëtzebuergesch!
   - **A** Iwwersetzt
   - **B** Setzt iwwer
   - **C** Iwwersetzen

4. (Ginn) mir den Dossier mat de Facturen.
   - **A** Gëff
   - **B** Gëfft
   - **C** Gitt

5. (Goen) wgl. Äre Laptop sichen.
   - **A** Got
   - **B** Gitt
   - **C** Gifft

Corrigé page 239

Conjuguez les verbes entre parenthèses à l'impératif, à la 2ᵉ personne du singulier.

1. (Sinn) pünktlech do fir d'Reunioun!
   - **A** Sidd
   - **B** Bass
   - **C** Sief

2. (Ginn) mir och eng Kopie vum Kontrakt.
   - **A** Gëffs
   - **B** Gëff
   - **C** Gëss

3. (Maachen) deen do Dossier fir d'éischt färdeg.
   - **A** Méch
   - **B** Maach
   - **C** Maachs

4. (Stoen) mat Zäit op, da bass du net am Stress.
   - **A** Stees
   - **B** Stéi
   - **C** Stéis

5. (Goen) nach net heem, du hues nach Aarbecht!
   - **A** Gees
   - **B** Gos
   - **C** Géi

Module 24
LES BASES

Parmi les formes de l'impératif proposées, trouvez celle qui n'est pas correcte.

Corrigé page 239

1. _____ mech net falsch!
   - A Verstitt
   - B Verstéi
   - C Verstot

2. _____ dem Client e Gefalen!
   - A Déi
   - B Do
   - C Dee

3. _____ mat mir op déi Konferenz!
   - A Got
   - B Gitt
   - C Géi

4. _____ net sou ongedëlleg!
   - A Sief
   - B Sidd
   - C Sifft

5. _____ dat mol méi positiv!
   - A Gesäi
   - B Geséi
   - C Gesitt

Astuce À la 2ᵉ personne du pl., l'impératif est identique au verbe conjugué à la 2ᵉ personne du pl. au présent de l'indicatif sans le pronom personnel **Dir/dir**. Par exemple : **kommen → Dir kommt** (présent) **→ Kommt!** (impératif). À la 2ᵉ personne du sg., il est généralement formé du radical du verbe sans le pronom **du**. Par exemple : **kommen (komm-en) → Komm!**

Focus Les formules de politesse

Trouvez l'équivalent le plus poli des phrases données.

1. Gitt mir een Dag Congé!
   - A Ech hätt gär een Dag Congé.
   - B Ech wëll een Dag Congé!
   - C Wéi ass et mat engem Dag Congé?

2. Maacht haut Iwwerstonnen!
   - A Et gëtt Zäit fir Iwwerstonnen.
   - B Kéint Dir haut Iwwerstonne maachen?
   - C Dir musst haut Iwwerstonne maachen.

Module 24
LES BASES

3. Bréngt mir nach e Kaffi!
   - (A) Ech sot: Kaffi!
   - (B) Ech brauch nach e Kaffi.
   - (C) Géift Dir mir nach e Kaffi bréngen?

4. Kopéiert dat Dokument zéngmol!
   - (A) Mir bräichten zéng Kopië vun deem Dokument.
   - (B) Maacht zéng Kopië vun deem Dokument!
   - (C) Ech wëll zéng Kopië vun deem Dokument!

5. Rufft dem Client un!
   - (A) Huelt wannechgelift de Client un den Apparat!
   - (B) Kéint Dir dem Client uruffen?
   - (C) Ech wëll de Client un den Telefon kréien!

Complétez les phrases suivantes avec la forme correcte des verbes conjugués au conditionnel de politesse.

Corrigé page 239

1. _____ Dir mir och eng Kopie ginn?
   - (A) Kënnt (B) Kannt (C) Kéint (D) Konnt

2. Ech _____ gär mat Ärem Chef schwätzen.
   - (A) giff (B) géife (C) géif (D) gouf

3. Wéini _____ ech e Rendez-vous kréien?
   - (A) kéint (B) kéinten (C) konnten (D) kann

4. Ech _____ immens frou iwwert eng Augmentatioun.
   - (A) wären (B) war (C) woren (D) wär

5. _____ du och gär flexibel Aarbechtszäiten?
   - (A) Hätts (B) Hues (C) Häss (D) Has

Module 24
LES BASES

Focus Le vocabulaire du bureau

Corrigé page 239

Complétez les phrases suivantes avec le terme qui convient.

1. D'Kopië leien op Ärem _____.
   - A Schreifdësch
   - B Bürosstull
   - C Pabeierkuerf

2. Ech kann dat Dokument net printen, den _____ ass futti.
   - A Imprimante
   - B Printer
   - C Drucker

3. Hues du de Code vun der _____?
   - A Maschinnekopien
   - B Kopiesmaschinn
   - C Kopiesapparat

4. Ech brauch nei Batterië fir meng _____.
   - A Clavier
   - B Tastatur
   - C Keyboard

5. Mäi _____ ass ze kleng, ech gesinn net gutt drop.
   - A Schierm
   - B Ecran
   - C Computer

Complétez les phrases suivantes avec le terme qui convient.

1. – Hutt Dir eng Kantin? – Nee, mee mir kréien _____.
   - A Ticket-restauranten
   - B Kantinsticketen
   - C Restaurantsbilljeeën

2. Mir hunn haut vill Aarbecht, ech muss _____ maachen.
   - A Plusstonne
   - B Méistonne
   - C Iwwerstonne

3. Meng _____ schaffe grad sou vill wéi ech.
   - A Fabrikaarbechter
   - B Mataarbechter
   - C Schwaarzaarbechter

4. Wéi laang ass deng _____?
   - A Mëttespaus
   - B Mëttesrascht
   - C Mëttesbreak

5. Eise Chef huet eis _____ fir d'Mëttegiessen invitéiert.
   - A Clientë
   - B Konnen
   - C Kliente

Module 24
LES BASES

Trouvez l'option pouvant remplacer les mots soulignés dans les phrases suivantes.

1. Mir hu muer <u>e Rendez-vous</u> mat engem Fournisseur.

    A. eng Datei

    B. en Datum

    C. en Termin

2. Ech brauch onbedéngt <u>en neien Ecran</u> fir mäi Computer.

    A. eng nei Leinwand

    B. eng nei Tastatur

    C. en neie Schierm

3. Wat steet dann haut um <u>Ordre du jour</u>?

    A. um Dagesmenü

    B. op der Dagesuerdnung

    C. um Dagesuerder

4. D'Madame Summer ass grad <u>an enger Reunioun</u>.

    A. an enger Versammlung

    B. op enger Manifestatioun

    C. op engem Date

5. Wou ass <u>de Fichier</u> vun eisem neie Client?

    A. den Dossier

    B. d'Datei

    C. d'Daten

6. Mir mussen <u>déi Facture</u> nach bezuelen.

    A. déi Leeschtung

    B. dee Kont

    C. déi Rechnung

Corrigé page 239

Module 24
LES BASES

7. Wéini kënnt Dir de Kontrakt ënnerschreiwen?
   - **A** d'Kopie
   - **B** de Protokoll
   - **C** de Vertrag

Complétez les phrases suivantes avec le verbe qui convient. Plusieurs réponses sont possibles !

Corrigé page 239

1. Mäi Computer ass futti, den Informatiker muss e séier _____.
   - **A** fixéieren **B** flécken **C** reparéieren **D** ganz maachen

2. Eis Firma wëllt dräi nei Mataarbechter _____.
   - **A** employéieren **B** ustellen **C** astellen **D** recrutéieren

3. Mir mussen nach iwwert de Präis _____.
   - **A** verhandelen **B** handelen **C** negocen **D** negociéieren

4. Wat fir eng Léisung kënnt Dir mir _____?
   - **A** opschloen **B** virschloen **C** proposéieren **D** proposen

5. Den Employé kann dem Chef seng Propos sou net _____.
   - **A** ofhuelen **B** unhuelen **C** acceptéieren **D** acceptéieren

Complétez les phrases suivantes avec le mot qui convient.

1. Ech sinn nach net _____. Ech muss nach schaffen.
   - **A** eriwwer **B** laanscht **C** fäerdeg

2. Ech hu leider keng Zäit, ech sinn immens _____.
   - **A** presséiert **B** gepresst **C** getommelt

3. D'Madame Keller ass _____, si kann elo net äntweren.
   - **A** fräi **B** beschäftegt **C** ugestallt

Module 24
VOCABULAIRE

4. Kann ech Iech ee Moment _____? Et dauert och net laang.
   - **A** schwätzen
   - **B** treffen
   - **C** stéieren

5. Maach _____, de Chef waart op de Rapport!
   - **A** virdrun
   - **B** virun
   - **C** vir

Astuce Beaucoup de verbes ou de substantifs luxembourgeois sont dérivés du français. Souvent, ils portent la terminaison **-ioun** pour les noms et **-éieren** pour les verbes.

Verbes

ënnerschreiwen	*signer*
iwwersetzen	*traduire*
flécken	*réparer*
reparéieren	*réparer*
astellen	*embaucher*
verhandelen	*négocier*
negociéieren	*négocier*
virschloen	*proposer*
proposéieren	*proposer*
unhuelen	*accepter*
acceptéieren	*accepter*
sech tommelen	*se dépêcher*
stéieren	*déranger*
virumaachen	*se dépêcher*

Noms

Reunioun, Reuniounen, f.	*réunion*
Kontrakt, Kontrakter, m.	*contrat*
Vertrag, Verträg, m.	*contrat*

Module 24
VOCABULAIRE

Iwwerstonn, Iwwerstonnen, f.	*heure supplémentaire*
Augmentatioun, Augmentatiounen, f.	*augmentation*
Aarbechtszäit, Aarbechtszäiten, f.	*horaire de travail*
Schreifdësch, Schreifdëscher, m.	*bureau (table)*
Bürosstull, Bürosstill, m.	*chaise de bureau*
Pabeierkuerf, Pabeierkierf, m.	*corbeille à papier*
Imprimante, Imprimanten, f.	*imprimante*
Printer, Printer, m.	*imprimante*
Drucker, Drucker, m.	*imprimante*
Kopiesmaschinn, Kopiesmaschinnen, f.	*photocopieuse*
Clavier, Clavieren, m.	*clavier*
Tastatur, Tastaturen, f.	*clavier*
Keyboard, Keyboarden, m.	*clavier*
Schierm, Schiermer, m.	*écran*
Ecran, Ecranen, m.	*écran*
Computer, Computeren, m.	*ordinateur*
Ticket-restaurant, Ticket-restauranten, m.	*ticket-restaurant*
Mataarbechter, Mataarbechter, m.	*collaborateur*
Mëttespaus, Mëttespausen, f.	*pause du midi*
Client, Clienten, m.	*client*
Datei, Dateien, f.	*fichier*
Rendez-vous, Rendez-vousen, m	*rendez-vous*
Datum, Datumen, m.	*date*
Termin, Terminer, m.	*rendez-vous*
Dagesuerdnung, Dagesuerdnungen, f.	*ordre du jour*
Ordre du jour, Ordre-du-jouren, m.	*ordre du jour*
Reunioun, Reuniounen, f.	*réunion*
Versammlung, Versammlungen, f.	*réunion*
Kont, Konten, m.	*compte*
Rechnung, Rechnungen, f.	*facture*
Facture, Facturen, f.	*facture*

Module 24
CORRIGÉ

VOTRE SCORE :

Les bases

PAGES 231 - 232

L'impératif
1 **C** 2 **B** 3 **A** 4 **C** 5 **B**
1 **C** 2 **B** 3 **B** 4 **B** 5 **C**
1 **C** 2 **C** 3 **A** 4 **C** 5 **A**

PAGES 232 - 233

Les formules de politesse
1 **A** 2 **B** 3 **C** 4 **A** 5 **B**
1 **C** 2 **C** 3 **A** 4 **D** 5 **C**

PAGES 234 - 237

Le vocabulaire du bureau
1 **A** 2 **C** 3 **B** 4 **B** 5 **A**
1 **A** 2 **C** 3 **B** 4 **A** 5 **A**
1 **C** 2 **C** 3 **B** 4 **A** 5 **B** 6 **C** 7 **C**
1 **B/C** 2 **C/D** 3 **A/D** 4 **B/C** 5 **B/D**
1 **C** 2 **A** 3 **B** 4 **C** 5 **B**

Vous avez obtenu entre 0 et 17 ? Reprenez chaque question en regardant les endroits où vous avez fait des erreurs.

Vous avez obtenu entre 18 et 35 ? C'est très moyen, mais ne vous découragez pas.

Vous avez obtenu entre 36 et 50 ? Formidable ! Analysez les erreurs et, si besoin, révisez la ou les notions que vous ne maîtrisez pas complètement.

Vous avez obtenu 51 et plus ? Dir maacht dat wierklech tipptopp!

Module 25
LES BASES

Focus Le CV

Complétez les phrases suivantes.

Corrigé page 247

1. Ech léiere gär _____.
   - **A** de Sproochen
   - **B** d'Sproochen
   - **C** Sproochen
   - **D** mat Sproochen

2. Ech léiere(n) _____.
   - **A** de Lëtzebuergesch an den Englesch
   - **B** Lëtzebuergesch an Fnglesch
   - **C** d'Lëtzebuergesch an d'Englesch
   - **D** Lëtzebuerger an Englesch

3. Ech hunn déi néideg _____ fir dës Aarbecht.
   - **A** Kenntnesser
   - **B** Gedanke
   - **C** Sue
   - **D** Bicher

4. Mir sichen eng Persoun mat _____ an der Vente.
   - **A** Humor
   - **B** Erfarung
   - **C** Charakter
   - **D** Gefiller

5. Fir eis Equipe siche mir nach eng _____ Persoun.
   - **A** gutt equipéiert
   - **B** schei
   - **C** teamfäeg
   - **D** agebilt

Focus Le passé composé

Complétez les phrases suivantes avec le participe passé qui convient.

1. D'Lisa huet säin CV _____.
   - **A** geschriwwen
   - **B** geschreift
   - **C** geschrifft
   - **D** schreift

2. De John huet mam Personalchef _____.
   - **A** geschwätzt
   - **B** schwat
   - **C** geschwat
   - **D** geschwaten

Module 25
LES BASES

3. De Paul huet e Stage an engem Architektebüro _____.
   - **A** gemaachen **B** gemaach **C** maacht **D** gemocht

4. D'Sonia huet dräi Joer bei engem Ingenieur _____.
   - **A** schafft **B** geschaffen **C** geschaaft **D** geschafft

5. De Joao huet Physik zu München _____.
   - **A** gestudéiert **B** studéieren **C** studéiert **D** gestudéieren

Complétez les phrases suivantes avec le participe passé qui convient.

Corrigé page 247

1. D'Lea huet säin CV per E-Mail _____.
   - **A** geschockt **B** gecheckt **C** geschéckt **D** geschécken

2. De Personalchef huet den CV mat groussem Interessi _____.
   - **A** liest **B** gelies **C** gelos **D** lieséiert

3. De Personalbüro huet hatt direkt _____.
   - **A** geurufft **B** ugeruffen **C** ugeruff **D** urufft

4. D'Sekretärin huet dem Lea direkt e Rendez-vous _____.
   - **A** geginn **B** ginnen **C** ginnt **D** ginn

5. Si hunn hatt an de Büro _____.
   - **A** geinvitéiert **B** invitéiert **C** invitéieren **D** invitéréiert

Astuce Le participe passé est toujours placé à la fin de la phrase.

Complétez les phrases suivantes avec la combinaison auxiliaire + participe passé qui convient.

1. D'Helen _____ fir seng Aarbecht op London _____.
   - **A** ass/geplënnert
   - **B** huet/geplënnert
   - **C** ass/plënneren.
   - **D** huet/plënnert

Module 25
LES BASES

2. Hatt _____ dräi Joer do _____.
   - A huet/gebliwwen
   - B ass/gebliwwen
   - C ass/bliwwen
   - D huet/bleift

   Corrigé page 247

3. Hatt _____ an enger Wunngemeinschaft _____.
   - A huet/wunnen
   - B ass/gewunnt
   - C ass/wunnt
   - D huet/gewunnt

4. Seng Aarbecht _____ him gutt _____.
   - A ass/gefalen
   - B huet/gefall
   - C huet/gefalen
   - D ass/gefall

5. Hatt _____ sech och fir déi englesch Kultur _____.
   - A ass/interesséiert
   - B huet/interesséiert
   - C huet/geinteresséiert
   - D ass/interesséieren

6. D'Martha _____ ze spéit op säi Rendez-vous _____.
   - A huet/komm
   - B huet/gekomm
   - C ass/gekommt
   - D ass/komm

Astuce Les verbes qui expriment un déplacement, un état et un changement d'état forment leur passé composé avec l'auxiliaire **sinn**.

Complétez les phrases suivantes avec le bon auxiliaire à la forme qui convient.

1. De Maurice _____ zwee Joer laang Stagiaire gewiescht.
   - A sinn
   - B ass
   - C huet
   - D hat

2. De Jacques _____ direkt Employé ginn.
   - A ass
   - B huet
   - C hunn
   - D sief

3. Déi Leit _____ hir Carrière op enger Bank ugefaangen.
   - A sinn
   - B huet
   - C hunn
   - D ass

Module 25
LES BASES

4. Heiansdo _____ ech an d'Ausland gefuer.
   - A hunn
   - B sinn
   - C sidd
   - D huet

5. _____ Dir Iech ëm wichteg Dossiere gekëmmert?
   - A Hues
   - B Bass
   - C Ass
   - D Hutt

Trouvez l'infinitif qui correspond aux participes passés soulignés.

1. De Stage huet dem Nico gutt <u>gefall</u>.
   - A falen
   - B gefallen
   - C gefalen

2. D'Assistentin huet mir e Rendez-vous <u>ginn</u>.
   - A goen
   - B ginn
   - C gaangen

3. Ech hu mech an der Receptioun <u>ugemellt</u>.
   - A sech umellen
   - B sech mellen un
   - C umelle sech

4. De Stagiaire huet säi Chef am Lift <u>getraff</u>.
   - A traffen
   - B getreffen
   - C treffen

5. Am Entretien ass et gutt <u>gaangen</u>.
   - A ginn
   - B goen
   - C geginn

Focus Le prétérit des verbes *hunn* et *sinn*

Corrigé page 247

*Complétez les phrases suivantes avec le verbe **hunn** conjugué comme il convient au prétérit.*

1. Mat 23 Joer _____ ech meng éischt Aarbecht.
   - A hate
   - B hatt
   - C hat
   - D huet

2. _____ du vill Stress bei dengem Stage?
   - A Hues
   - B Has
   - C Hates
   - D Häss

3. Mir _____ net genuch Erfarung fir deen Job.
   - A haten
   - B hatten
   - C hat
   - D hunn

Module 25
LES BASES

4. _____ Dir och gëschter e Virstellungsgespréich?
   - **A** Hatet
   - **B** Hat
   - **C** Hatt
   - **D** Hutt

5. De Mathieu _____ déi néideg Kompetenze fir déi Aarbecht.
   - **A** hat
   - **B** hutt
   - **C** hattet
   - **D** hatte

6. D'Kandidaten _____ all interessant Dossieren.
   - **A** hunn
   - **B** haten
   - **C** hat
   - **D** hatten

*Complétez les phrases suivantes avec le verbe **sinn** conjugué comme il convient au prétérit.*

Corrigé page 247

1. De Serge _____ gutt qualifizéiert fir de Posten.
   - **A** ass
   - **B** waars
   - **C** war
   - **D** wier

2. Ech _____ immens nervös virum Entretien.
   - **A** waren
   - **B** war
   - **C** sinn
   - **D** waart

3. _____ du an England op der Universitéit?
   - **A** Bass
   - **B** Waars
   - **C** Waart
   - **D** Wiers

4. D'Studente _____ während sechs Méint an engem Stage.
   - **A** ware
   - **B** si
   - **C** waart
   - **D** war

5. Dir _____ ëmmer ganz u Sproochen interesséiert.
   - **A** waartet
   - **B** waart
   - **C** sidd
   - **D** waars

6. Mir _____ mat Zäit op eisem Rendez-vous.
   - **A** war
   - **B** si
   - **C** ware
   - **D** waarte

*Complétez les phrases suivantes avec les verbes **hunn** ou **sinn** conjugué comme il convient au prétérit.*

1. Hien _____ mat 18 Joer säi Premièresdiplom an der Täsch.
   - **A** hat
   - **B** war
   - **C** hutt
   - **D** sinn

2. D'Kandidate _____ séier fäerdeg mam Entretien.
   - **A** hu
   - **B** si
   - **C** ware
   - **D** hate

Module 25
LES BASES

3. _____ däin CV mat Zäit prett?
   - **A** Waars
   - **B** Has
   - **C** War
   - **D** Hat

4. _____ Dir gutt fir den Interview preparéiert?
   - **A** Hat
   - **B** Has
   - **C** Waart
   - **D** Hutt

5. Ech _____ net genuch Zäit, fir mech ze preparéieren.
   - **A** hutt
   - **B** war
   - **C** hat
   - **D** waart

Focus   Raconter son passé professionnel ou postuler pour un poste

Complétez les phrases suivantes avec le terme qui convient. Plusieurs réponses sont possibles !

1. Ech hat gëschter e(n) _____ mam Personalchef.
   - **A** Kaffiskränzche
   - **B** Virstellungsgespréich
   - **C** Entretien
   - **D** Dossier

   Corrigé page 247

2. Hues du deng _____ schonn agescheckt?
   - **A** Kandidate
   - **B** Bewerbung
   - **C** Kandidatur
   - **D** CV

3. Wou hutt Dir Är _____ gemaach?
   - **A** Erfarunge
   - **B** Studie
   - **C** Sprooche
   - **D** Ënnerlage

4. Ech hat en interessante _____ als Commercial bei enger internationaler Firma.
   - **A** Plaz
   - **B** Posten
   - **C** Job
   - **D** Aarbecht

5. An Ärem Dossier feelt de(n) _____.
   - **A** Scheck
   - **B** Foto
   - **C** Motivatiounsbréif
   - **D** CV

Module 25
VOCABULAIRE

Verbes

gefalen	*plaire*
treffen	*rencontrer*
plënneren	*déménager*

Noms

Kenntnes, Kenntnesser, f.	*connaissance*
Erfarung, Erfarungen, f.	*expérience*
Personalchef, Personalcheffen, m.	*chef du personnel*
Personalbüro, Personalbüroen, m.	*bureau du personnel*
Entretien, Entretienen, m.	*entretien*
Virstellungsgespréich, Virstellungsgespréicher, n.	*entretien d'embauche*
Kandidat, Kandidaten, m.	*candidat*
Posten, Posten, m.	*poste*
Kandidatur, Kandidaturen, f.	*candidature*
Premièresdiplom, Premièresdiplomer, m.	*diplôme de fin d'études secondaires*
Bewerbung, Bewerbungen, f.	*candidature*
Ënnerlag, Ënnerlagen, f.	*document*
Plaz, Plazen, f.	*emploi, poste*
Motivatiounsbréif, Motivatiounsbréiwer, m.	*lettre de motivation*
CV, Lieweslaf, m.	*CV*

Adjectifs / Adverbes

néideg	*nécessaire*
teamfäeg	*capable de travailler en équipe*
qualifizéiert	*qualifié*

Module 25
CORRIGÉ

Les bases

PAGE 240
Le CV
1 **C** 2 **B** 3 **A** 4 **B** 5 **C**

PAGES 240 - 243
Le passé composé
1 **A** 2 **C** 3 **B** 4 **D** 5 **C**
1 **C** 2 **B** 3 **C** 4 **D** 5 **B**
1 **A** 2 **C** 3 **D** 4 **B** 5 **B** 6 **D**
1 **B** 2 **A** 3 **C** 4 **B** 5 **D**
1 **C** 2 **B** 3 **A** 4 **C** 5 **B**

PAGES 243 - 245
Le prétérit des verbes **hunn** et **sinn**
1 **C** 2 **B** 3 **A** 4 **B** 5 **A** 6 **B**
1 **C** 2 **B** 3 **B** 4 **A** 5 **B** 6 **C**
1 **A** 2 **C** 3 **C** 4 **C** 5 **C**

PAGE 245
Raconter son passé professionnel ou postuler pour un poste
1 **B**/**C** 2 **B**/**C** 3 **A**/**B** 4 **B** 5 **C**/**D**

Vous avez obtenu entre 0 et 18 ? Reprenez chaque question en regardant les endroits où vous avez fait des erreurs.
Vous avez obtenu entre 19 et 36 ? C'est très moyen, mais ne vous découragez pas.
Vous avez obtenu entre 37 et 51 ? Formidable ! Analysez les erreurs et, si besoin, révisez la ou les notions que vous ne maîtrisez pas complètement.
Vous avez obtenu 52 et plus ? Dir maacht dat wierklech tipptopp!

Module 26
LES BASES

Focus L'auxiliaire *hunn* ou *sinn*

Corrigé page 258

Complétez les phrases suivantes avec l'auxiliaire qui convient.

1. Mir _____ d'lescht Joer vill gereest.
   - **A** hunn
   - **B** sinn

2. Mir _____ dräimol an d'Vakanz gefuer.
   - **A** hunn
   - **B** sinn

3. Mir _____ vill schéi Plaze gesinn.
   - **A** hu(nn)
   - **B** si(nn)

4. Mir _____ vill flott Fotoe gemaach.
   - **A** hu(nn)
   - **B** si(nn)

5. Mir _____ vill Muséeë besiche gaangen.
   - **A** hu(nn)
   - **B** si(nn)

6. Mir _____ moies ëmmer fréi opgestanen.
   - **A** hu(nn)
   - **B** si(nn)

7. Mir _____ vill nei Plate geschmaacht.
   - **A** hu(nn)
   - **B** si(nn)

8. Mir _____ eis gutt erholl.
   - **A** hunn
   - **B** sinn

Focus Le participe passé

Complétez les phrases suivantes avec la forme correcte du participe passé.

1. Wat hues du _____?
   - **A** drénkt
   - **B** gedronkt
   - **C** gedronk

2. Hues du eppes Spezielles _____?
   - **A** iesst
   - **B** giess
   - **C** gegiess

3. Hutt Dir vill Zäit am Musée _____?
   - **A** verbréngt
   - **B** verbracht
   - **C** verbruecht

Module 26
LES BASES

4. Hutt Dir den Auto oder den Zuch _____?
   - A geholl
   - B gehuelt
   - C gehuelen

5. Ech hunn immens gutt _____.
   - A schlofen
   - B geschléift
   - C geschlof

6. Wéi vill Drénkgeld hues du dem Garçon _____?
   - A ginn
   - B geginn
   - C gaang

7. Mir hunn deen Hotel um Internet _____.
   - A gefonnt
   - B gefount
   - C fonnt

8. De Guide huet eis déi ganz Stad _____.
   - A gewisen
   - B geweist
   - C wisen

Complétez les phrases suivantes avec la forme correcte du participe passé. **Corrigé page 258**

1. Mir si mam Fliger an d'Vakanz _____.
   - A flunn
   - B geflunn
   - C gefléit

2. Mir sinn all Moien dräi Kilometer _____.
   - A gelaf
   - B gelof
   - C gelaaft

3. Ech sinn de Moien um sechs Auer _____.
   - A erwaachen
   - B erwacht
   - C erwächt

4. Sinn d'Kanner gutt mat der Kolonie _____?
   - A ukomm
   - B ukommen
   - C ugekomm

5. Hatt ass beim Schifueren _____.
   - A fall
   - B gefall
   - C gefalen

6. Ass eppes Spezielles _____?
   - A geschitt
   - B geschéit
   - C geschittet

7. Wéi laang sidd Dir do _____?
   - A gebliwwen
   - B bliwwen
   - C gebleift

Module 26
LES BASES

8. Mir si ganz midd vum Reese _____.
   - **A** gaangen
   - **B** goen
   - **C** ginn

Choisissez l'infinitif qui correspond au participe passé donné.

Corrigé page 258

1. verluer
   - **A** verléieren
   - **B** verlueren
   - **C** verlieren
   - **D** verluren

2. ugedoen
   - **A** ugedoen
   - **B** udoen
   - **C** undoen
   - **D** doenun

3. getraff
   - **A** traffen
   - **B** triffen
   - **C** treffen
   - **D** trafen

4. gewuess
   - **A** gewuessen
   - **B** wuessen
   - **C** wiissen
   - **D** wëssen

5. gesongen
   - **A** singen
   - **B** songen
   - **C** séngen
   - **D** sangen

6. geschnidden
   - **A** schnitten
   - **B** schnidden
   - **C** geschneiden
   - **D** schneiden

7. gewiescht
   - **A** wischen
   - **B** wëschen
   - **C** ginn
   - **D** sinn

8. geklommen
   - **A** klommen
   - **B** klamen
   - **C** klammen
   - **D** klomen

Lequel de ces verbes ne forme pas son participe comme celui donné ? Trouvez l'intrus.

1. lauschteren-gelauschtert
   - **A** kucken
   - **B** kafen
   - **C** schaffen

Module 26
LES BASES

2. reservéieren-reservéiert
   - **A** ameséieren
   - **B** informéieren
   - **C** léieren

3. ginn-ginn
   - **A** héieren
   - **B** gesinn
   - **C** gefalen

4. schwammen-geschwommen
   - **A** kachen
   - **B** klammen
   - **C** sangen

5. fléien-geflunn
   - **A** zéien
   - **B** léien
   - **C** béien

Astuce En luxembourgeois, il y a de très nombreuses façons de former le participe passé d'un verbe ; on ne peut pas classer les verbes en groupes de conjugaison. Le mieux est de les apprendre par cœur.

Focus L'inversion dans la phrase au passé

Choisissez la phrase qui correspond (après inversion) à la phrase donnée.

1. Mir sinn am Juli an d'Vakanz gefuer.
   - **A** An d'Vakanz am Juli si mir gefuer.
   - **B** An d'Vakanz mir sinn am Juli gefuer.
   - **C** Am Juli si mir an d'Vakanz gefuer.

   Corrigé page 258

2. Mir hu sympathesch Leit um Camping kenne geléiert.
   - **A** Sympathesch Leit hunn um Camping mir kenne geléiert.
   - **B** Um Camping hu mir sympathesch Leit kenne geléiert.
   - **C** Um Camping mir hu kenne geléiert sympathesch Leit.

3. Mir hu vum Hotelzëmmer aus op d'Mier gesinn.
   - **A** Vum Hotelzëmmer aus hu mir op d'Mier gesinn.
   - **B** Op d'Mier vum Hotelzëmmer aus hu mir gesinn.
   - **C** Op d'Mier mir hu vum Hotelzëmmer aus gesinn.

Module 26
LES BASES

Corrigé page 258

4. D'Sonn huet de ganzen Zäit geschéngt.
   - **A** Geschéngt huet de ganzen Zäit d'Sonn.
   - **B** De ganzen Zäit huet d'Sonn geschéngt.
   - **C** D'Sonn de ganzen Zäit geschéngt huet.

5. Et huet an der Vakanz guer net gereent.
   - **A** Guer net huet et gereent an der Vakanz.
   - **B** An der Vakanz huet et guer net gereent.
   - **C** An der Vakanz et gereent huet guer net.

Focus Passer du présent au passé

Mettez les phrases suivantes au passé. Plusieurs réponses sont possibles !

1. Fir d'éischt huele mer de Fliger, da(nn) loune mir en Auto.
   - **A** Fir d'éischt hu mir de Fliger geholl, dunn hu mir en Auto gelount.
   - **B** De Fliger hu mir geholl fir d'éischt, da mir en Auto gelount hunn.
   - **C** Fir d'éischt mir de Fliger geholl hunn, da mir en Auto gelount hunn.

2. An der Vakanz iwwernuechte mir an enger Jugendherberg.
   - **A** An enger Jugendherberg an der Vakanz mir iwwernuecht hunn.
   - **B** An der Vakanz hu mir an enger Jugendherberg iwwernuecht.
   - **C** An der Vakanz hu mir an enger Jugendherberg iwwergenuecht.

3. D'Sonia reservéiert seng Vakanz an engem Reesbüro.
   - **A** D'Sonia seng Vakanz huet an engem Reesbüro reservéiert.
   - **B** An engem Reesbüro huet d'Sonia seng Vakanz gereservéiert.
   - **C** D'Sonia huet seng Vakanz an engem Reesbüro reservéiert.

Module 26
LES BASES

4. Den Hotel schéckt eis eng Confirmation fir d'Reservatioun.

    Ⓐ Den Hotel huet eis eng Confirmatioun fir d'Reservatioun geschéckt.

    Ⓑ Eng Confirmatioun fir d'Reservatioun den Hotel huet eis geschéckt.

    Ⓒ Den Hotel huet eis eng Confirmatioun fir d'Reservatioun geschenkt.

5. Mir fannen ëmmer flott Restauranten um Internet.

    Ⓐ Mir hunn ëmmer flott Restauranten um Internet fonnt.

    Ⓑ Mir hunn ëmmer flott Restauranten um Internet gefonnt.

    Ⓒ Um Internet hu mer ëmmer flott Restaurante fonnt.

Focus Passer du passé au présent

Mettez les phrases suivantes au présent. Plusieurs réponses sont possibles !

1. Mir hunn eng super flott Vakanz verbruecht.

    Ⓐ Mir verbruechen eng super flott Vakanz.

    Ⓑ Eng super flott Vakanz mir verbréngen.

    Ⓒ Mir verbréngen eng super flott Vakanz.

2. Mir hunn eis Vakanz ofgesot, mäi Mann war krank.

    Ⓐ Mir soen eis Vakanz of, mäi Mann ass krank.

    Ⓑ Mir ofsoen eis Vakanz, mäi Mann ass krank.

    Ⓒ Mäi Mann ass krank, mir soen eis Vakanz of.

3. Mir sinn all Dag op d'Plage schwamme gaangen.

    Ⓐ All Dag gi mir op d'Plage schwammen.

    Ⓑ Mir schwammen all Dag op d'Plage goen.

    Ⓒ Op d'Plage mir ginn all Dag schwammen.

Module 26
LES BASES

4. D'Vue huet eis am beschte gefall.
   - **A** D'Vue fält eis am beschten.
   - **B** Am beschte gefält eis d'Vue.
   - **C** Eis gefält d'Vue am beschten.

5. De Guide huet eis vill flott Plaze gewisen.
   - **A** Eis wiisst de Guide vill flott Plazen.
   - **B** Vill fott Plazen eis de Guide weist.
   - **C** De Guide weist eis vill flott Plazen.

Corrigé page 258

Astuce La conjonction **dann** *(ensuite)* devient **dunn** dans une phrase au passé.

Focus *Virun* ou *virdrun*

Complétez les phrases suivantes avec la préposition ou l'adverbe qui convient.

1. _____ engem Joer war ech an Italien um Camping.
   - **A** virun
   - **B** virdrun

2. Mir waren iessen, _____ ware mir an de Kino.
   - **A** viru(n)
   - **B** virdru(n)

3. De Jacques ass _____ enger Woch an d'Vakanz gefuer.
   - **A** virun
   - **B** virdrun

4. D'Famill Sauber ass scho _____ enger Woch zeréckkomm.
   - **A** virun
   - **B** virdrun

5. Wat hues du _____ gemaach?
   - **A** viru(n)
   - **B** virdru(n)

6. _____ war d'Wieder nach schéin, elo reent et.
   - **A** Viru(n)
   - **B** Virdru(n)

Module 26
LES BASES

> **Astuce** **Virun** et **vidrun** signifient tous les deux *avant*. **Virun** est une préposition et est toujours suivie d'un complément. **Virdrun** est un adverbe de temps.

Focus Le vocabulaire des vacances

Corrigé page 258

Complétez les phrases suivantes avec le terme qui convient. Plusieurs réponses sont possibles !

1. Mir hunn eisen Hotel iwwer Internet _____.
   - **A** reservéiert
   - **B** gebucht
   - **C** fonnt

2. Eis Kanner hunn an enger _____ geschlof.
   - **A** Jugendherberg
   - **B** Schlass
   - **C** Camping

3. Eis Noperen haten en Zëmmer mat _____.
   - **A** Vue
   - **B** Vollpensioun
   - **C** Chauffer

4. Den Tom geet gär flott Plaze _____.
   - **A** maachen
   - **B** besichtegen
   - **C** kucken

5. Wou hutt Dir do _____?
   - **A** bliwwen
   - **B** iwwernuecht
   - **C** schlofen

6. De Claude huet mir e schéine Souvenir aus der Vakanz _____.
   - **A** matbruecht
   - **B** matgeholl
   - **C** matgaangen

7. Mir gi muer op _____, fir eis Vakanz ze reservéieren.
   - **A** d'Vakanzefoire
   - **B** de Reesbüro
   - **C** d'Reesagence

8. Ech hu just eng grouss Wallis an _____.
   - **A** Handgepäck
   - **B** Gepäck
   - **C** eng Posch

Module 26
VOCABULAIRE

Verbes

reesen	voyager
op/stoen	se lever
sech erhuelen	se reposer
verbréngen	passer (du temps)
fannen	trouver
weisen	montrer
erwächen	se réveiller
falen	tomber
gefalen	plaire
verléieren	perdre
treffen	rencontrer
wuessen	grandir
sangen	chanter
schneiden	couper
sech ameséieren	s'amuser
zéien	tirer
léien	mentir
béien	tordre
lounen	louer
kenne léieren	faire connaissance
iwwernuechten	passer la nuit
reservéieren	réserver
buchen	réserver
ofsoen	annuler
besichtegen	visiter (un lieu)

Module 26
VOCABULAIRE

Noms

Hotelzëmmer, Hotelzëmmeren, n.	*chambre d'hôtel*
Camping, Campingen, m.	*camping*
Jugendherberg, Jugendherbergen, f.	*auberge de jeunesse*
Reesbüro, Reesbüroen, m.	*agence de voyages*
Reesagence, Reesagencen, f.	*agence de voyages*
Vakanzefoire, Vakanzefoiren, f.	*salon de tourisme*
Confirmatioun, Confirmatiounen, f.	*confirmation*
Reservatioun, Reservatiounen, f.	*réservation*
Guide, Guiden, m. / f.	*guide*
Schlass, Schlässer, n.	*château*
Vollpensioun, f.	*pension complète*
Handgepäck, n.	*bagage à main*
Gepäck, n.	*bagages*
Posch, Poschen, f.	*sac*
Wallis, Wallissen, f.	*valise*

Prépositions / Adverbes

virun	*avant* (préposition)
virdrun	*avant* (adverbe), *toute à l'heure* (passé)

Conjonctions

dann	*ensuite* (présent)
dunn	*ensuite* (passé)

Module 26
CORRIGÉ

Les bases

PAGE 248
L'auxiliaire **hunn** ou **sinn**
1 **B** 2 **B** 3 **A** 4 **A** 5 **C** 6 **B** 7 **A** 8 **A**

PAGES 248 - 251
Le participe passé
1 **C** 2 **B** 3 **C** 4 **A** 5 **C** 6 **A** 7 **C** 8 **A**
1 **B** 2 **A** 3 **C** 4 **A** 5 **B** 6 **A** 7 **B** 8 **C**
1 **A** 2 **C** 3 **C** 4 **B** 5 **D** 6 **D** 7 **D** 8 **C**
1 **B** 2 **C** 3 **C** 4 **A** 5 **C**

PAGES 251 - 252
L'inversion dans la phrase au passé
1 **C** 2 **B** 3 **A** 4 **B** 5 **B**

PAGES 252 - 253
Passer du présent au passé
1 **A** 2 **B** 3 **C** 4 **A** 5 **A/C**

PAGES 253 - 254
Passer du passé au présent
1 **C** 2 **A/C** 3 **A** 4 **B/C** 5 **C**

PAGES 254 - 255
Virun ou **Virdrun**
1 **A** 2 **B** 3 **A** 4 **A** 5 **B** 6 **B**

PAGE 255
Le vocabulaire des vacances
1 **A/B/C** 2 **A** 3 **A/B** 4 **B/C** 5 **B** 6 **A** 7 **A/B** 8 **A/C**

Vous avez obtenu entre 0 et 20 ? Reprenez chaque question en regardant les endroits où vous avez fait des erreurs.

Vous avez obtenu entre 21 et 42 ? C'est très moyen, mais ne vous découragez pas.

Vous avez obtenu entre 43 et 64 ? Formidable ! Analysez les erreurs et, si besoin, révisez la ou les notions que vous ne maîtrisez pas complètement.

Vous avez obtenu 65 et plus ? Dir maacht dat wierklech tipptopp!

Module 27
LES BASES

Focus Les verbes de modalité (révision de leur signification)

Complétez les phrases suivantes avec le verbe de modalité qui convient.

1. Ech _____ hei net schwammen, hei ass kee Waasser.
   - A) kann
   - B) wëll

   Corrigé page 268

2. Du _____ net sou vill Schockela iessen, dat mécht déck.
   - A) muss
   - B) solls

3. Dat ass e Sens interdit, do _____ een net erafueren.
   - A) soll
   - B) däerf

4. Zu Lëtzebuerg ass Walplicht, all d'Lëtzebuerger _____ wiele goen.
   - A) däerfe
   - B) musse

5. Ech _____ mech net decidéieren, wat fir e Pullover _____ ech undoen?
   - A) ka/soll
   - B) muss/kann

6. Dir _____ den Hond mat an de Fliger huelen, et ass net verbueden.
   - A) musst
   - B) däerft

7. Ech sinn allergesch, ech _____ dat net iessen.
   - A) wëll
   - B) däerf

8. De Sven spuert seng Suen, hie _____ en neien Auto kafen.
   - A) wëllt
   - B) muss

Trouvez la signification du verbe de modalité souligné.

1. Dir musst hei kee Casque undoen.
   - A) Verbuet
   - B) keng Obligatioun

2. Kanner sollen net sou vill Tëlee kucken.
   - A) Recommandatioun
   - B) Verbuet

3. Wou kann ech hei telefonéieren ?
   - A) Méiglechkeet
   - B) Recommandatioun

Module 27
LES BASES

4. Dir <u>däerft</u> Är Schong unhalen.
   - **A** Erlaabnis
   - **B** keng Obligatioun

5. Hei <u>däerf</u> een <u>net</u> mam Hond spadséiere goen.
   - **A** Verbuet
   - **B** Erlaabnis

6. Du <u>kanns</u> de ganzen Dag um Internet surfen.
   - **A** Méiglechkeet
   - **B** Verbuet

7. Zu Lëtzebuerg <u>däerf</u> ee mat 16 Joer Alkohol drénken.
   - **A** Erlaabnis
   - **B** Méiglechkeet

8. Fir eng Sprooch ze léieren, <u>soll</u> een all Dag e bëssen üben.
   - **A** Recommandatioun
   - **B** Obligatioun

Focus Les verbes de modalité au prétérit : *kënnen*

*Complétez les phrases suivantes avec le verbe **kënnen** conjugué comme il convient au prétérit.*

Corrigé page 268

1. Leider _____ ech gëschter net an de Cours kommen.
   - **A** kannt
   - **B** konnt
   - **C** kunnt

2. _____ du net éischter hei sinn?
   - **A** Kanns
   - **B** Kannts
   - **C** Konnts

3. Mir _____ näischt vum Buffet iessen.
   - **A** konnen
   - **B** kënnten
   - **C** konnten

4. Mäi Mann _____ säi Pass net fannen.
   - **A** konnt
   - **B** kannt
   - **C** konn

5. _____ Dir och net gutt schlofen?
   - **A** Kannt
   - **B** Kunnt
   - **C** Konnt

6. D'Kanner _____ am Mier schwammen.
   - **A** kunnten
   - **B** konnten
   - **C** kounten

Module 27
LES BASES

7. Mir _____ gëschter endlech heemgoen.
   - **A** konnten
   - **B** konnte
   - **C** konnt

8. _____ de Guy matgoen?
   - **A** Kann
   - **B** Kount
   - **C** Konnt

Focus Les verbes de modalité au prétérit : *sollen*

Corrigé page 268

*Complétez les phrases suivantes avec le verbe **sollen** conjugué comme il convient au prétérit.*

1. Ech _____ gëschter schonn an d'Vakanz fueren.
   - **A** sollte
   - **B** sollt
   - **C** sall

2. _____ du net mat eis fueren?
   - **A** Solls
   - **B** Soll
   - **C** Sollts

3. Wat _____ hie fir lech maachen?
   - **A** solltet
   - **B** sollt
   - **C** sallt

4. Mir _____ näischt soen.
   - **A** sallen
   - **B** sollen
   - **C** sollten

5. _____ Dir net och op d'Party kommen?
   - **A** Sallt
   - **B** Sëllt
   - **C** Sollt

6. Wat _____ deng Schwëster do maachen?
   - **A** sollet
   - **B** sollt
   - **C** soll

7. D'Kanner _____ besser doheem bleiwen.
   - **A** sollten
   - **B** sallte
   - **C** sollte

8. Den Dokter _____ net sou komplizéiert schwätzen.
   - **A** sollt
   - **B** solltet
   - **C** solle

Module 27
LES BASES

Focus Les verbes de modalité au prétérit : *däerfen*

Corrigé page 268

*Complétez les phrases suivantes avec le verbe **däerfen** conjugué comme il convient au prétérit.*

1. Ech _____ beim Tournage nokucken.
   - **A** duerfte
   - **B** däerft
   - **C** duerft

2. _____ du owes erausgoen?
   - **A** Duerfs
   - **B** Duerfts
   - **C** Däerfts

3. Meng Kanner _____ keng Tëlee kucken.
   - **A** duerfte
   - **B** duerften
   - **C** däerften

4. Mäin Noper _____ keen Hond halen.
   - **A** duerftet
   - **B** däerfet
   - **C** duerft

5. Mir _____ net mat an d'Zëmmer goen.
   - **A** duerften
   - **B** däerften
   - **C** däerfen

6. Wat _____ Dir net iessen?
   - **A** duerfet
   - **B** däerfet
   - **C** duerft

7. _____ Är Frënn mat Iech goen?
   - **A** Duerft
   - **B** Duerften
   - **C** Duerfe

8. Den David _____ seng Frëndin net mat heem bréngen.
   - **A** duerftet
   - **B** duerft
   - **C** däerft

Focus Les verbes de modalité au prétérit : *wëllen*

*Complétez les phrases suivantes avec le verbe **wëllen** conjugué comme il convient au prétérit.*

1. Ech _____ ëmmer Astronaut ginn.
   - **A** wollte
   - **B** wëllt
   - **C** wollt

2. Wat _____ du mir soen?
   - **A** wëlls
   - **B** wollts
   - **C** wolltes

Module 27
LES BASES

3. Mir _____ dee Film och kucke goen.
   - A wollten
   - B wëllten
   - C wollen

4. Wuer _____ d'Annick an d'Vakanz goen?
   - A wolltet
   - B wollte
   - C wollt

5. _____ Dir mat eis iessen?
   - A Wëlltet
   - B Wolltet
   - C Wollt

6. Mäi Brudder _____ ni mat mir deelen.
   - A wollt
   - B wollten
   - C wëllt

7. D'Leit _____ all dat Evenement gesinn.
   - A wëllten
   - B wéilten
   - C wollten

8. Wat _____ de Chef vun dir?
   - A wéilt
   - B wollt
   - C wëllt

Astuce Les verbes de modalité **kënnen, däerfen, wëllen, sollen** sont parmi les rares verbes qui ont un prétérit ; seul le verbe de modalité **mussen** n'en a pas. Pour exprimer une obligation au passé, on utilise donc le passé composé (le participe passé de **mussen** étant **mussen** ou **missen**).

Focus Le passé du verbe de modalité : *mussen*

Trouvez quelle phrase au passé est correcte. Plusieurs réponses sont possibles !

1. Ech muss bei den Zänndokter goen.
   - A Ech hu bei den Zänndokter misse goen.
   - B Ech hu bei den Zänndokter goe missen.
   - C Ech hu musse bei den Zänndokter goen.

Corrigé page 268

2. De Chris muss eng nei Aarbecht fannen.
   - A De Chris misst eng nei Aarbecht fannen.
   - B De Chris huet muss eng nei Aarbecht fannen.
   - C De Chris huet missen eng nei Aarbecht fannen.

Module 27
LES BASES

3. Wat fir e Bus muss du huelen?
   - **A** Wat fir e Bus hues du huele mussen?
   - **B** Wat fir e Bus hues du missen huelen?
   - **C** Wat hues fir e Bus du mussen huelen?

Corrigé page 268

4. Dir musst eng Assurance fir den Auto hunn.
   - **A** Dir hutt missen eng Assurance fir den Auto hunn.
   - **B** Dir hat eng Assurance missen fir den Auto.
   - **C** Dir hutt fir den Auto missen hunn eng Assurance.

5. De Client muss de Formulaire ënnerschreiwen.
   - **A** De Client huet de Formulaire mussen ënnerschreiwen.
   - **B** De Client huet missten de Formulaire ënnerschreiwen.
   - **C** De Client huet ënnerschreiwen de Formulaire missen.

> **Astuce** La place du participe passé **mussen** ou **missen** peut varier dans la phrase. Il se place soit à la fin, soit derrière l'auxiliaire **hunn**, soit avant l'infinitif du verbe. Il en est de même pour les participes passés des autres verbes de modalité.

Focus Le passé des verbes de modalité

Trouvez quelle phrase au passé est correcte. Plusieurs réponses sont possibles !

1. Du däerfs däin Hond net mat an de Restaurant huelen.
   - **A** Du duerfts däin Hond net mat an de Restaurant huelen.
   - **B** Du hues däin Hond net mat an de Restaurant huelen däerfen.
   - **C** Du hues däin Hond net mat an de Restaurant huele geduerft.

2. Firwat wëllt Dir net mat an de Kino goen?
   - **A** Firwat wolltet Dir net mat an de Kino goen?
   - **B** Firwat wollt Dir net mat an de Kino goen?
   - **C** Firwat hutt Dir net wëlle mat an de Kino goen?

Module 27
LES BASES

3. Wat solle mir maachen?
   - Ⓐ Wat hu mir maache gesollt?
   - Ⓑ Wat sollte mir maachen?
   - Ⓒ Wat hu mir gemaach sollen?

Corrigé page 268

4. Kanns du de Schüler dat erklären?
   - Ⓐ Konnts du de Schüler dat erklären?
   - Ⓑ Hues du de Schüler dat erkläre kënnen?
   - Ⓒ Hues du de Schüler dat erkläre gekonnt?

5. Muss dat sinn?
   - Ⓐ Misst dat sinn?
   - Ⓑ Huet dat misse sinn?
   - Ⓒ Huet mussen dat sinn?

Astuce Pour les verbes de modalité autres que **mussen**, on peut utiliser soit le prétérit soit le passé composé pour exprimer une action au passé. Les participes sont : **däerfen, gewollt, kënnen** et **wëllen**. L'auxiliaire est **hunn**.

Trouvez la phrase qui correspond au sens de celle donnée.

1. Et war mir net méiglech, mat mengem Frënd ze skypen.
   - Ⓐ Ech hunn net misse mat mengem Frënd skypen.
   - Ⓑ Ech konnt net mat mengem Frënd skypen.
   - Ⓒ Ech duerft net mat mengem Frënd skypen.

2. Et war him verbueden, um Internet ze surfen.
   - Ⓐ Ech duerft net um Internet surfen.
   - Ⓑ Hatt huet net um Internet däerfe surfen.
   - Ⓒ Hatt huet net mussen um Internet surfen.

3. Mir hunn eis deen neisten Tablet gewënscht.
   - Ⓐ Mir hu missen deen neisten Tablet wëllen.
   - Ⓑ Mir hunn deen neisten Tablet kréie wollten.
   - Ⓒ Mir wollten deen neisten Tablet kréien.

Module 27
LES BASES

Corrigé page 268

4. Virun 20 Joer war fëmmen am Restaurant nach erlaabt.
   - A Virun 20 Joer huet een nach däerfen am Restaurant fëmmen.
   - B Virun 20 Joer huet een nach am Restaurant fëmme geduerft.
   - C Virun 20 Joer huet een am Restaurant net fëmme mussen.

5. Et war néideg, säi Passwuert anzeginn.
   - A Et huet ee säi Passwuert däerfen aginn.
   - B Et huet ee misse säi Passwuert aginn.
   - C Et huet een net däerfe säi Passwuert aginn.

Focus Le vocabulaire de l'Internet et des réseaux sociaux

Complétez les phrases suivantes avec le ou les terme(s) correct(s).

1. Déi Firma huet eng interessant _____.
   - A Internetsäit
   - B Homepage
   - C Reklamm

2. Ech hunn e puer Fotoen aus der Vakanz _____.
   - A gepost
   - B gesent
   - C gemaach

3. Hues du den Owend Zäit fir ze _____.
   - A chatten
   - B texten
   - C netten

4. D'_____ bei eis doheem ass vill ze lues.
   - A Internetverbindung
   - B Connexioun
   - C Kommunikatioun

5. Mir hunn hei leider kee _____.
   - A Spaweck
   - B Reseau
   - C Netz

6. Wéi ass d'_____ fir de WiFi?
   - A Code
   - B Passwuert
   - C Schlëssel

7. Déi meescht Leit hunn haut e gudden _____ zum Internet.
   - A Accès
   - B Zougang
   - C Iwwergang

8. Vergiess net, deng Donnéeën ze _____.
   - A saven
   - B gardéieren
   - C späicheren

Module 27
VOCABULAIRE

Verbes

wielen	*voter, élire, choisir*
spueren	*économiser, épargner*
skypen	*téléphoner par Skype*
chatten	*chatter*
posten	*publier sur le net*
surfen	*surfer*
texten	*envoyer des textos*
späicheren	*sauvegarder*
saven	*sauvegarder*

Noms

Verbuet, Verbueter, n.	*interdiction*
Obligatioun, Obligatiounen, f.	*obligation*
Méiglechkeet, Méiglechkeeten, f.	*possibilité*
Recommandatioun, Recommandatiounen, f.	*recommandation*
Erlaabnis, f.	*autorisation*
Internetsäit, Internetsäiten, f.	*site Internet*
Verbindung, Verbindungen, f.	*connection*
Passwuert, Passwierder, n.	*mot de passe*
Homepage, Homepagen, f.	*site Internet*
Reseau, Reseauen, m.	*réseau*
Netz, Netzer, n.	*réseau, toile*
Spaweck, Spawecken, m.	*toile (d'araignée)*
Accès, Accèsen, m.	*accès*
Zougang, Zougäng, m.	*accès*

Module 27
CORRIGÉ

Les bases

PAGES 259 - 260
Les verbes de modalité (révision de leur signification)
1 **A** 2 **B** 3 **B** 4 **B** 5 **A** 6 **B** 7 **B** 8 **A**
1 **B** 2 **A** 3 **A** 4 **A** 5 **A** 6 **A** 7 **A** 8 **A**

PAGES 260 - 261
Les verbes de modalité au prétérit : kënnen
1 **B** 2 **C** 3 **C** 4 **A** 5 **C** 6 **B** 7 **B** 8 **C**

PAGE 261
Les verbes de modalité au prétérit : sollen
1 **B** 2 **C** 3 **B** 4 **C** 5 **C** 6 **B** 7 **C** 8 **A**

PAGE 262
Les verbes de modalité au prétérit : däerfen
1 **C** 2 **B** 3 **A** 4 **C** 5 **A** 6 **C** 7 **B** 8 **B**

PAGES 262 - 263
Les verbes de modalité au prétérit : wëllen
1 **C** 2 **B** 3 **A** 4 **C** 5 **C** 6 **A** 7 **C** 8 **B**

PAGES 263 - 264
Le passé du verbe de modalité : mussen
1 **A/B/C** 2 **C** 3 **A/B** 4 **A** 5 **A**

PAGES 264 - 266
Le passé des verbes de modalité
1 **A/B** 2 **B/C** 3 **B** 4 **A/B** 5 **B**
1 **B** 2 **B** 3 **C** 4 **A** 5 **B**

PAGE 266
Le vocabulaire de l'Internet et des réseaux sociaux
1 **A/B** 2 **A** 3 **A/B** 4 **A/B** 5 **B/C** 6 **B** 7 **A/B** 8 **A/C**

Vous avez obtenu entre 0 et 22 ? Reprenez chaque question en regardant les endroits où vous avez fait des erreurs.

Vous avez obtenu entre 23 et 46 ? C'est très moyen, mais ne vous découragez pas.

Vous avez obtenu entre 47 et 69 ? Formidable ! Analysez les erreurs et, si besoin, révisez la ou les notions que vous ne maîtrisez pas complètement.

Vous avez obtenu 70 et plus ? Dir maacht dat wierklech tipptopp!

Module 28
LES BASES

> **Astuce** Outre les verbes de modalité et les verbes **sinn** et **hunn** (cf. modules 25 et 27), le prétérit existe pour environ une trentaine de verbes en luxembourgeois. Ce module est consacré uniquement à la conjugaison de certains verbes pour lesquels l'utilisation du prétérit est usuelle.

Focus Le prétérit du verbe *ginn*

Corrigé page 278

*Complétez les phrases suivantes avec le verbe **ginn** conjugué comme il convient au prétérit.*

1. Am Musée _____ et eng interessant Ausstellung.
   - A géif
   - B gouft
   - C gouf
   - D goufet

2. Bei deem Radar _____ ech geblëtzt.
   - A gouf
   - B goufen
   - C géifen
   - D goung

3. D'Leit _____ de Sportler Waasser.
   - A géifen
   - B goufen
   - C gouften
   - D géift

4. _____ du net midd vum ville Schaffen ?
   - A Gouf
   - B Géifs
   - C Goufes
   - D Goufs

5. Mir _____ rosen iwwert d'Resultat.
   - A goufte
   - B goufe
   - C géifte
   - D ginge

6. _____ Dir och op d'Party invitéiert ?
   - A Gifft
   - B Gouftet
   - C Goungt
   - D Gouft

7. Wéini _____ den Henri Grand-Duc ?
   - A gouf
   - B géift
   - C gouft
   - D gëtt

8. D'Madame Jacobs _____ nei Direktesch.
   - A gitt
   - B gouf
   - C gouft
   - D géift

> **Astuce** Le verbe **ginn** est polyvalent. Il signifie *donner* ou *devenir* et est employé comme auxiliaire pour le conditionnel et pour la voix passive. Il est également utilisé pour exprimer *il y a* : **et gëtt/et ginn**.

Module 28
LES BASES

Focus Le prétérit du verbe *goen*

Corrigé page 278

*Complétez les phrases suivantes avec le verbe **goen** conjugué comme il convient au prétérit.*

1. Mir _____ all Dag spadséieren.
   - **A** géingen
   - **B** goungen
   - **C** goufen
   - **D** gaangen

2. Mat wiem _____ deng Nopesch an d'Vakanz ?
   - **A** gaang
   - **B** goung
   - **C** goungt
   - **D** gouft

3. Du _____ net mat schwammen.
   - **A** goungs
   - **B** gaangs
   - **C** géngs
   - **D** gous

4. Eisen Direkter _____ eleng op d'Konferenz.
   - **A** géing
   - **B** gaangt
   - **C** géingt
   - **D** goung

5. Et _____ him net gutt.
   - **A** gaang
   - **B** goung
   - **C** got
   - **D** géing

6. Ech _____ net gär an de Bësch lafen.
   - **A** goung
   - **B** goungen
   - **C** gaangen
   - **D** goungt

7. Seng Kolleege _____ hien an d'Spidol besichen.
   - **A** goungten
   - **B** goungen
   - **C** gaangen
   - **D** goten

8. Wat _____ Dir an de Kino kucken?
   - **A** got
   - **B** gaangt
   - **C** géingt
   - **D** goungt

Focus Le prétérit du verbe *kommen*

*Complétez les phrases suivantes avec le verbe **kommen** conjugué comme il convient au prétérit.*

1. Vill Leit _____ op de Vernissage.
   - **A** koummen
   - **B** koumen
   - **C** kommten
   - **D** kamen

2. Haut de Moie _____ ech ze spéit an de Cours.
   - **A** koum
   - **B** kommt
   - **C** kommte
   - **D** kam

Module 28
LES BASES

3. Um wéi vill Auer _____ däi Mann heem?
   - **A** koumt
   - **B** koum
   - **C** kommte
   - **D** kamt

4. _____ du net eran?
   - **A** Koums
   - **B** Komms
   - **C** Kams
   - **D** Koummes

5. D'Michelle _____ mat sengem neie Frënd.
   - **A** kamt
   - **B** koumt
   - **C** kommt
   - **D** koum

6. Vu wou _____ Dir?
   - **A** koumt
   - **B** kammt
   - **C** kommt
   - **D** koumet

7. Mir _____ direkt un d'Rei beim Dokter.
   - **A** koumten
   - **B** koumen
   - **C** kamen
   - **D** kommten

8. D'Kaz _____ all Owend bei eis friessen.
   - **A** koum
   - **B** koumt
   - **C** kamt
   - **D** kommt

Focus Le prétérit du verbe *soen*

Corrigé page 278

*Complétez les phrases suivantes avec le verbe **soen** conjugué comme il convient au prétérit.*

1. Wat _____ den Dokter?
   - **A** seetet
   - **B** sot
   - **C** sout
   - **D** sott

2. _____ du eppes?
   - **A** Soss
   - **B** Sotes
   - **C** Sos
   - **D** Sots

3. Mir _____ eisen Nopere just „Moien".
   - **A** soten
   - **B** sotten
   - **C** saten
   - **D** seeten

4. _____ Dir net „Bonjour"?
   - **A** Sotet
   - **B** Sot
   - **C** Sott
   - **D** Soset

5. Ech _____ mengem Chef direkt Bescheed.
   - **A** sote
   - **B** seet
   - **C** sot
   - **D** sotet

Module 28
LES BASES

6. D'Kanner _____ eis net „Äddi".
   - A seeten
   - B sotten
   - C soten
   - D soen

7. Mäi Meedche _____ mir alles.
   - A seetet
   - B sot
   - C sat
   - D sott

8. Den Här Mayer _____ seng Vakanz of.
   - A sot
   - B seet
   - C sott
   - D sat

Focus Le prétérit du verbe *wëssen*

Corrigé page 278

*Complétez les phrases suivantes avec le verbe **wëssen** conjugué comme il convient au prétérit.*

1. Mir _____ alles am Examen.
   - A woussten
   - B wussten
   - C wissten
   - D woussen

2. Hatt _____ eisen Numm net méi.
   - A wouss
   - B wusst
   - C wousst
   - D wisst

3. _____ du Bescheed?
   - A Wouss
   - B Wousst
   - C Wiss
   - D Wusst

4. Kee Mënsch _____, wat lass war.
   - A wousst
   - B wouss
   - C wisst
   - D wusst

5. Ech _____ de Wee net méi.
   - A wousst
   - B woussen
   - C wussen
   - D woussten

6. Seng Fra _____ net, wat soen.
   - A wousst
   - B wusst
   - C wisst
   - D wësst

7. _____ Dir d'Adress vum Hotel?
   - A Wousset
   - B Wousst
   - C Wusst
   - D Wësst

8. Wat _____ si iwwert dat Evenement?
   - A wusste
   - B wousste
   - C wousse
   - D wësste

Astuce Wosst est une variante de wousst.

Module 28
LES BASES

Focus — Le prétérit du verbe *kréien*

Corrigé page 278

Complétez les phrases suivantes avec le verbe **kréien** conjugué comme il convient au prétérit.

1. Wat _____ du fir däi Gebuertsdag?
   - A krus
   - B krutes
   - C krass
   - D kruss

2. D'Madame Molitor _____ eng Promotioun.
   - A krutet
   - B krut
   - C krutt
   - D krittet

3. Ech _____ den Zuch nach just.
   - A krut
   - B kruten
   - C kritten
   - D krutt

4. Mir _____ eng gutt Noriicht.
   - A krutten
   - B kritten
   - C kruten
   - D kréiten

5. Eis Nopere _____ Zwillingen.
   - A kréiten
   - B krutten
   - C kruteten
   - D kruten

6. De Paul _____ en neie Mataarbechter.
   - A kruttet
   - B krut
   - C krutt
   - D kréit

7. _____ Dir och e Bréif vun der Direktioun?
   - A Krutt
   - B Krut
   - C Krittet
   - D Kréitet

8. D'Anna _____ säin Diplom leschte Summer.
   - A krut
   - B krutt
   - C krittet
   - D kréitt

Focus — Le prétérit du verbe *sëtzen*

Complétez les phrases suivantes avec le verbe **sëtzen** conjugué comme il convient au prétérit.

1. Ech _____ de ganzen Dag dobannen.
   - A saz
   - B souz
   - C sëtzt
   - D souzen

2. Wou _____ Dir am Kino?
   - A souzt
   - B saazt
   - C souzet
   - D sëtztet

Module 28
LES BASES

3. D'Kand _____ bei sengem Papp um Schouss.
   - A souzt
   - B souz
   - C sëtzt
   - D saazt

4. _____ du nieft dengem Brudder?
   - A Souzes
   - B Souz
   - C Suzz
   - D Saz

5. De Mike _____ laang am Park.
   - A souzt
   - B saazt
   - C souz
   - D sëtztet

6. Mir _____ hannen am Fliger.
   - A souzen
   - B souzten
   - C suzzen
   - D sazen

7. Nieft wiem _____ deng Frëndin?
   - A suzz
   - B souzt
   - C soutz
   - D souz

8. D'Kanner _____ brav um Dësch.
   - A suzze
   - B souze
   - C souzte
   - D sëtzte

Focus Le prétérit du verbe *stoen*

Corrigé page 278

*Complétez les phrases suivantes avec le verbe **stoen** conjugué comme il convient au prétérit.*

1. De Proff _____ déi ganz Stonn bei der Tafel.
   - A stoung
   - B stoungt
   - C steete
   - D stot

2. Ech _____ laang do ze waarden.
   - A stoung
   - B stote
   - C stounge
   - D steete

3. Firwat _____ du am Reen?
   - A steets
   - B stoots
   - C stounges
   - D stoungs

4. Mir _____ eng hallef Stonn virun der Dier.
   - A stungen
   - B stoungen
   - C stongten
   - D stoten

5. D'Leit _____ an der Schlaang.
   - A stoten
   - B stoungen
   - C stoungten
   - D steeten

6. D'Buch _____ net méi am Regal.
   - A stoung
   - B stat
   - C stot
   - D steetet

7. Wéi laang _____ Dir virum Kino?
   - A stoungtet
   - B stounget
   - C stotet
   - D stoungt

8. D'Noriicht _____ an der Zeitung an um Internet.
   - A stot
   - B stoung
   - C stoungt
   - D stotet

Focus Le prétérit du verbe *leien*

*Complétez les phrases suivantes avec le verbe **leien** conjugué comme il convient au prétérit.*

1. A wat fir engem Spidol _____ de Jos?
   - A louch
   - B loucht
   - C lucht
   - D leet

2. Mäi Buch _____ de ganzen Zäit um Dësch.
   - A louch
   - B loucht
   - C läitet
   - D leetet

3. Ech _____ de ganze Weekend op dem Canapé.
   - A louche
   - B louch
   - C leetet
   - D leete

4. Mir _____ 2:1 vir mat eiser Equipe.
   - A louchten
   - B louchen
   - C leeten
   - D läiten

5. _____ dir nach laang op der Plage?
   - A Loucht
   - B Louchet
   - C Luchet
   - D Leetet

6. _____ du gutt am Ligestull?
   - A Luchtes
   - B Louchts
   - C Luchs
   - D Louchs

7. D'Touriste _____ de ganzen Dag op der Plage.
   - A luchten
   - B louchen
   - C louchten
   - D leeten

8. Meng Schwëster war midd a _____ mam Kapp um Dësch.
   - A louch
   - B loucht
   - C leete
   - D lucht

Module 28
LES BASES

Focus Prétérit du verbe *hänken*

*Complétez les phrases suivantes avec le verbe **hänken** conjugué comme il convient.*

1. Meng Schwëster _____ eng Stonn um Telefon.
   - A houngt
   - B houng
   - C hangt
   - D hung

2. Ech _____ de ganzen Dag an der Stad.
   - A houng
   - B houngen
   - C hangen
   - D houngt

3. Dir _____ zimlech midd um Stull.
   - A houngtet
   - B houngt
   - C hungt
   - D hangt

4. _____ du gëschter nees bei denge Frënn?
   - A Houngs
   - B Hunges
   - C Hänktes
   - D Hangts

5. Mäi Mantel _____ um Mantelbriet.
   - A houng
   - B houngt
   - C hungt
   - D houngtet

6. Déi naass Kleeder _____ am Keller.
   - A hungen
   - B houngen
   - C hungten
   - D hongen

7. Mir haten näischt ze dinn, mir _____ just erëm.
   - A houngte
   - B hounge
   - C hängte
   - D haange

8. D'Kräiz _____ an der Kierch un der Mauer.
   - A haang
   - B hangt
   - C houngt
   - D houng

Astuce *Hänken* signifie *être suspendu* ou *accroché*, mais peut aussi signifier *traîner, être assis de façon « avachie »*.

Module 28
VOCABULAIRE

Verbes / Locutions verbales

Bescheed soen	*informer*
Bescheed wëssen	*être informé*
an der Schlaang stoen	*faire la queue*
ginn	*donner, devenir*
goen	*aller*
kommen	*venir*
soen	*dire*
wëssen	*savoir*
kréien	*recevoir*
leien	*être en position allongée*
sëtzen	*être assis*
stoen	*être debout, être marqué (dans un livre, par exemple)*
hänken	*être accroché ou suspendu*

Noms

Ligestull , Ligestill, m.	*chaise-longue*
Schlaang, Schlaangen, f.	*serpent, ici : file, queue*
Kräiz, Kräizer, n.	*croix*

Module 28
CORRIGÉ

Les bases

PAGE 269
Le prétérit du verbe **ginn**
1 **C** 2 **A** 3 **B** 4 **D** 5 **B** 6 **D** 7 **A** 8 **B**

PAGE 270
Le prétérit du verbe **goen**
1 **B** 2 **B** 3 **A** 4 **D** 5 **B** 6 **A** 7 **B** 8 **D**

PAGES 270 - 271
Le prétérit du verbe **kommen**
1 **B** 2 **A** 3 **B** 4 **A** 5 **D** 6 **A** 7 **B** 8 **A**

PAGES 271 - 272
Le prétérit du verbe **soen**
1 **B** 2 **C** 3 **A** 4 **B** 5 **C** 6 **C** 7 **B** 8 **A**

PAGE 272
Le prétérit du verbe **wëssen**
1 **A** 2 **C** 3 **B** 4 **A** 5 **A** 6 **A** 7 **B** 8 **B**

PAGES 273
Le prétérit du verbe **kréien**
1 **A** 2 **B** 3 **A** 4 **C** 5 **D** 6 **B** 7 **B** 8 **A**

PAGES 273 - 274
Le prétérit du verbe **sëtzen**
1 **B** 2 **A** 3 **B** 4 **B** 5 **C** 6 **A** 7 **D** 8 **B**

PAGES 274 - 275
Prétérit du verbe **stoen**
1 **A** 2 **A** 3 **D** 4 **B** 5 **B** 6 **A** 7 **D** 8 **B**

PAGE 275
Le prétérit du verbe **leien**
1 **A** 2 **A** 3 **B** 4 **B** 5 **A** 6 **D** 7 **B** 8 **A**

PAGE 276
Prétérit du verbe **hänken**
1 **B** 2 **A** 3 **B** 4 **A** 5 **A** 6 **B** 7 **B** 8 **D**

Vous avez obtenu entre 0 et 26 ? Reprenez chaque question en regardant les endroits où vous avez fait des erreurs.

Vous avez obtenu entre 27 et 53 ? C'est très moyen, mais ne vous découragez pas.

Vous avez obtenu entre 54 et 78 ? Formidable ! Analysez les erreurs et, si besoin, révisez la ou les notions que vous ne maîtrisez pas complètement.

Vous avez obtenu 79 et plus ? Dir maacht dat wierklech tipptopp!

Module 29
LES BASES

Focus Exprimer son opinion

Complétez les phrases suivantes avec l'élément qui convient.

Corrigé page 288

1. Wat _____ Dir vun der Reform?
   - **A** fannt
   - **B** sot
   - **C** haalt

2. Wéi _____ du mäin neien Auto?
   - **A** häls
   - **B** fënns
   - **C** sees

3. Ech _____, dat ass keng gutt Iddi.
   - **A** verstinn
   - **B** halen
   - **C** fannen

4. Wat _____ Dir iwwert déi nei Reegelung?
   - **A** sot
   - **B** fannt
   - **C** haalt

5. Ech _____ net vill vun där Iddi.
   - **A** soen
   - **B** mengen
   - **C** halen

6. _____ Dir den neien Direkter och sympathesch?
   - **A** Denkt
   - **B** Gesitt
   - **C** Fannt

7. Ech si ganz mat dir _____.
   - **A** an der Rei
   - **B** averstan
   - **C** Meenung

8. _____ ass dat eng gutt Saach.
   - **A** Menger Meenung no
   - **B** Mech no
   - **C** Ech fannen

Complétez les phrases suivantes. Plusieurs réponses sont possibles !

1. Ech halen net vill _____.
   - **A** iwwert dee Projet
   - **B** vun deem Projet
   - **C** zu deem Projet

Module 29
LES BASES

2. Wat denkt Dir _____?
   - **A** mat der neier Regierung
   - **B** fir déi nei Regierung
   - **C** iwwert déi nei Regierung

Corrigé page 288

3. Sidd Dir och _____?
   - **A** fir eng Vitesslimitatioun
   - **B** mat enger Vitesslimitatioun
   - **C** géint eng Vitesslimitatioun

4. Wie gewënnt _____ d'Championnat?
   - **A** no deng Meenung
   - **B** deng Meenung no
   - **C** denger Meenung no

5. Ech mengen, _____.
   - **A** dat ass déi richteg Decisioun
   - **B** datt dat déi richteg Decisioun ass
   - **C** datt dat ass déi richteg Decisioun

Trouvez quelle phrase est passée correctement au conditionnel présent.

1. Ech maache mir Suergen.
   - **A** Ech géif maache mir Suergen.
   - **B** Ech géing mir Suerge maachen.
   - **C** Ech maacht mir Suergen

2. Ech soen dat net.
   - **A** Ech géif dat net soen.
   - **B** Ech séit dat net.
   - **C** Ech géing soen dat.

Module 29
LES BASES

3. Wat méchs du a menger Plaz?
   - (A) Wat a menger Plaz géifs du maachen?
   - (B) Wat maache géifs du a menger Plaz?
   - (C) Wat géifs du a menger Plaz maachen?

Corrigé page 288

4. Mir fueren am Summer fort.
   - (A) Mir fieren am Summer fort.
   - (B) Mir géingen am Summer fortfueren.
   - (C) Mir géife fort am Summer fueren.

5. Si schaffen de ganzen Dag.
   - (A) Si schaffe géifen de ganzen Dag.
   - (B) Si géinge schaffen de ganzen Dag.
   - (C) Si géingen de ganzen Dag schaffen.

Astuce Le conditionnel présent se compose en général du conditionnel des verbes **goen (ech géing)** ou **ginn (ech géif)** et de l'infinitif du verbe placé à la fin de la phrase. Par exemple: **Ech géif d'Tëlee kucken** ou **Ech géing d'Tëlee kucken**, *Je regarderais la télé.*

Focus Le conditionnel présent du verbe *hunn*

*Trouvez la conjugaison correcte du verbe **hunn** au conditionnel présent.*

1. Du _____ méi Chance wéi ech.
   - (A) has
   - (B) hues
   - (C) häss

2. Ech _____ keng Angscht virun deem Challenge.
   - (A) hätte
   - (B) hätt
   - (C) hätten

3. Wat _____ de Maurice als Alternativ?
   - (A) hat
   - (B) hätt
   - (C) hättet

4. _____ Dir ee Moment Zäit?
   - (A) Hätt
   - (B) Hättet
   - (C) Hütt

5. D'Madame Wagner _____ nach eng Fro.
   - (A) hätt
   - (B) huet
   - (C) hättet

Module 29
LES BASES

Corrigé page 288

6. D'Awunner _____ keng aner Méiglechkeet wéi déi.
   - A hättete
   - B hatte
   - C hätte

7. Mir _____ och nach eppes fir Iech.
   - A hätt
   - B hätten
   - C hütten

8. _____ dat Buch wierklech Succès?
   - A Hütt
   - B Hätt
   - C Hättet

Focus Le conditionnel présent du verbe *sinn*

*Trouvez la conjugaison correcte du verbe **sinn** au conditionnel présent.*
Plusieurs réponses sont possibles !

1. Ech _____ direkt dobäi.
   - A wor
   - B wieren
   - C wier
   - D wär

2. Wat _____ deng Propositioun?
   - A wiert
   - B wär
   - C wäert
   - D war

3. _____ dat och méiglech?
   - A Wier
   - B Wär
   - C Wuer
   - D War

4. Mir _____ immens frou doriwwer.
   - A waren
   - B woren
   - C wieren
   - D wierten

5. _____ Dir och mat där Decisioun averstan?
   - A Wiert
   - B Wäertet
   - C Wäert
   - D Woort

6. Du _____ bestëmmt bei deene Beschten.
   - A wäres
   - B werrs
   - C wäers
   - D wiers

7. De Frank _____ sécher net menger Meenung.
   - A woort
   - B waart
   - C wiert
   - D wier

8. Wat _____ d'Kanner frou iwwert dee Kaddo!
   - A wären
   - B waren
   - C wäerten
   - D wieren

Astuce Le conditionnel présent du verbe **sinn** présente deux formes équivalentes.

Module 29
LES BASES

Focus Le conditionnel présent de quelques verbes

Trouvez la bonne traduction au conditionnel présent des phrases suivantes. Plusieurs réponses sont possibles !

Corrigé page 288

1. Je viendrais aussi au vernissage.
   - **A** Ech géif och op de Vernissage kommen.
   - **B** Ech kommt och op de Vernissage.
   - **C** Ech kéim och op de Vernissage.

2. Tu pourrais m'informer.
   - **A** Du konnts mir Bescheed soen.
   - **B** Du géifs kënne mir Bescheed soen.
   - **C** Du kéints mir Bescheed soen.

3. Ne devrait-il pas être à l'école ?
   - **A** Misstet hien net an der Schoul sinn?
   - **B** Misst hien net an der Schoul sinn?
   - **C** Géing hie mussen net an der Schoul sinn?

4. Vous recevriez la meilleure chambre.
   - **A** Dir géift dat bescht Zëmmer kréien.
   - **B** Dir krittet dat bescht Zëmmer.
   - **C** Dir kréicht dat bescht Zëmmer.

5. Nous aurions besoin de votre signature.
   - **A** Mir bréichen Är Ënnerschrëft.
   - **B** Mir bräuchten Är Ënnerschrëft.
   - **C** Mir bräichten Är Ënnerschrëft.

Astuce Certains verbes ont des conditionnels propres et n'ont donc pas besoin d'être composé avec un auxiliaire et un infinitif. Ce sont par exemple les verbes **sinn** et **hunn**, mais aussi les verbes de position, les verbes de modalité et quelques autres verbes comme **kommen, kréien, wëssen, brauchen.** Il est toutefois possible de les conjuguer au conditionnel à l'aide des auxiliaires. Ainsi **Ech kéim**, **Ech géif kommen** et **Ech géing kommen** *(Je viendrais)* sont tous les trois corrects.

Module 29
LES BASES

Focus Les pronoms personnels à l'accusatif et au datif

Corrigé page 288

Trouvez quel nom (avec son article) est remplacé par le pronom souligné dans les phrases suivantes. Plusieurs réponses sont possibles !

1. Ech froen <u>hien</u> no senger Meenung.
   - **A** mäi Frënd
   - **B** mengem Papp
   - **C** meng Schwëster

2. Ech soen <u>hir</u> meng Meenung.
   - **A** der Direktesch
   - **B** dem Direkter
   - **C** d'Nopesch

3. Wat ass Är Meenung iwwert <u>si</u>?
   - **A** d'Reform
   - **B** der Kolleegin
   - **C** d'Kolleegin

4. Dir musst <u>hinnen</u> dat erklären.
   - **A** de Schüler
   - **B** de Schülerinnen
   - **C** d'Leit

5. Hutt Dir mat <u>him</u> doriwwer geschwat?
   - **A** Ärem Mann
   - **B** Ärem Meedchen
   - **C** Ärer Fra

6. Ouni <u>si</u> ginn ech net fort.
   - **A** mäin Hond
   - **B** meng Kaz
   - **C** meng Déieren

7. Wat hues du fir <u>si</u> gemaach?
   - **A** der Kanner
   - **B** seng Kanner
   - **C** eis Kanner

8. Gëschter hu mir <u>hatt</u> gesinn.
   - **A** de Paul
   - **B** d'Pauline
   - **C** d'Madame Lux

Focus Les pronoms et les prépositions

Remplacez la partie de la phrase soulignée par le pronom prépositionnel qui convient.

1. Mir soen eis Meenung <u>iwwert d'Campagne</u>.
   - **A** iwwert et
   - **B** doiwwer
   - **C** diwwer
   - **D** doriwwer

2. Mir hu <u>mam Direkter</u> geschwat.
   - **A** domat
   - **B** mat hien
   - **C** mat him
   - **D** mat en

3. Wat haalt dir <u>vun deem Plang</u>?
   - **A** vun deem
   - **B** dovun
   - **C** vun dat
   - **D** vun him

Module 29
LES BASES

4. Sidd Dir <u>mat Äre Mataarbechter</u> averstan?
   - **A** mat him
   - **B** domat
   - **C** mat hinnen
   - **D** mat deem

5. Hutt Dir eng Meenung <u>zu deem Thema</u>?
   - **A** zu deem
   - **B** zu him
   - **C** dozu
   - **D** dozou

6. Mir hu laang <u>iwwert seng Projete</u> geschwat.
   - **A** doriwwer
   - **B** iwwert dat
   - **C** iwwert hinnen
   - **D** driwwert

Focus Pronoms doubles

Trouvez les phrases qui sont réécrites avec le pronom qui convient.

Corrigé page 288

1. De Proff erklaërt de Schüler den Exercice.
   - **A** Hien erklaërt hinnen en.
   - **B** Hatt erklaërt se hinnen.
   - **C** Hien erklaërt et hinnen.

2. De Guide weist den Touristen d'Stad.
   - **A** Hie weist si se.
   - **B** Si weist si hinnen.
   - **C** Hie weist hinne se.

3. De Garçon recommandéiert dem Client de beschte Wäin.
   - **A** Hie recommandéiert him en.
   - **B** Hie recommandéiert hien him.
   - **C** Hie recommandéiert et him.

4. D'Doktesch verbitt dem Patient d'Fëmmen.
   - **A** Si verbitt dat him.
   - **B** Si verbitt him et.
   - **C** Hie verbitt hir et.

5. D'Sarah erzielt de Kanner d'Geschicht vum Sandmännchen.
   - **A** Si erzielt hinnen dovun.
   - **B** Hatt erzielt him et.
   - **C** Hatt erzielt hinne se.

Module 29
LES BASES

> **Astuce** Les pronoms pour les substantifs inanimés au nominatif et à l'accusatif sont **en, se, et**. En général, on place le datif avant l'accusatif.

Focus Le pronom partitif

Trouvez la réponse qui correspond aux questions posées.

Corrigé page 288

1. Braucht Dir nach Pabeier?
   - **A** Nee Merci, ech hunn es nach.
   - **B** Jo, ech brauch der.
   - **C** Nee Merci, ech hunn dovun.

2. Hutt Dir Kanner?
   - **A** Jo, mir hunn es zwee.
   - **B** Jo, mir hunn der dräi.
   - **C** Nee, mir hunn der keng.

3. Wou gëtt et gudde Kaffi?
   - **A** Du fënns der am Café "Kaffistut".
   - **B** Et gëtt es am Café Muller.
   - **C** Et gëtt dat an der Stad.

4. Kënne mir nach Kichelcher kréien?
   - **A** Jo sécher, huelt lech der nach.
   - **B** Jo natierlech, Dir kritt se gär.
   - **C** Nee, et sinn der net do.

5. Wéi vill Schüler hutt Dir an Ärer Klass?
   - **A** Ech hunn der 20 Schüler.
   - **B** Ech hunn der 20, an Dir?
   - **C** Ech hunn es 20, an du?

> **Astuce** Le pronom partitif *en* (comme dans : *Prenez-vous du sucre ? Oui, j'en prends*), se traduit par **es** (m., n.) ou **der** (f., pl.) suivant le genre ou le nombre du mot qu'il remplace. Le pronom **der**, qui remplace un pluriel, peut être suivi d'un nombre précis.

Module 29
VOCABULAIRE

Locutions / Phrases essentielles

Wat haalt Dir vun ...	*Quelle est votre opinion sur ... ?*
Wat denkt Dir iwwert ...?	*Que pensez-vous de ... ?*
Wéi fënns du ...?	*Comment trouves-tu ... ?*
menger Meenung no	*à mon avis*
Ech sinn averstan mat ...	*Je suis d'accord avec ...*
sech Suerge maachen ëm ...	*se faire du souci pour ...*

Noms

Meenung, Meenungen, f.	*opinion*
Projet, Projeten, m.	*projet*
Plang, Pläng, m.	*plan*
Propositioun, Propositiounen, f.	*proposition*

Verbes

mengen	*penser, supposer, avoir pour opinion*
denken	*penser*
fannen	*trouver*

Adverbes

bestëmmt	*certainement*
sécher	*sûrement*

Module 29
CORRIGÉ

VOTRE SCORE :

Les bases

PAGES 279 - 281

Exprimer son opinion

1 **C** 2 **B** 3 **C** 4 **A** 5 **C** 6 **C** 7 **B** 8 **A**
1 **B** 2 **C** 3 **A/C** 4 **C** 5 **A/B**
1 **B** 2 **A** 3 **C** 4 **B** 5 **C**

PAGES 281 - 282

Le conditionnel présent du verbe **hunn**

1 **C** 2 **B** 3 **B** 4 **A** 5 **A** 6 **C** 7 **B** 8 **B**

PAGE 282

Le conditionnel présent du verbe **sinn**

1 **C/D** 2 **B** 3 **A/B** 4 **C** 5 **A/C** 6 **C/D** 7 **D** 8 **A/D**

PAGE 283

Le conditionnel présent de quelques verbes

1 **A/C** 2 **C** 3 **B** 4 **A/C** 5 **C**

PAGE 284

Les pronoms personnels à l'accusatif et au datif

1 **A** 2 **A** 3 **C** 4 **A/B** 5 **A/B** 6 **B/C** 7 **B/C** 8 **B**

PAGES 284 - 285

Les pronoms et les prépositions

1 **D** 2 **C** 3 **B** 4 **C** 5 **D** 6 **A**

PAGES 285 - 286

Pronoms doubles

1 **A** 2 **C** 3 **A** 4 **B** 5 **C**

PAGE 286

Le pronom partitif

1 **A** 2 **B** 3 **B** 4 **A** 5 **B**

Vous avez obtenu entre 0 et 19 ? Reprenez chaque question en regardant les endroits où vous avez fait des erreurs.

Vous avez obtenu entre 20 et 40 ? C'est très moyen, mais ne vous découragez pas.

Vous avez obtenu entre 41 et 61 ? Formidable ! Analysez les erreurs et, si besoin, révisez la ou les notions que vous ne maîtrisez pas complètement.

Vous avez obtenu 62 et plus ? Dir maacht dat wierklech tipptopp!

Module 30
LES BASES

Focus Les questions indirectes

Complétez les phrases suivantes avec le pronom interrogatif qui convient.

1. Ech froe mech, _____ hien net komm ass.
   - **A** wou
   - **B** firwat
   - **C** well

2. Weess du, _____ geschitt ass?
   - **A** wie
   - **B** wat
   - **C** wou

3. Kanns du mir soen, _____ ech vun hei op d'Gare kommen?
   - **A** wéi
   - **B** wie
   - **C** wou

4. Ech géif gär wëssen, _____ den Zuch fiert.
   - **A** wou
   - **B** well
   - **C** wéini

5. De Jos wëll mir net soen, mat _____ hien iesse geet.
   - **A** wiem
   - **B** wien
   - **C** wou

6. Hues du decidéiert, _____ een Auto s du kafe wëlls?
   - **A** wéi fir
   - **B** wat fir
   - **C** wou fir

7. Et ass net gewosst, _____ den neien Direkter gëtt.
   - **A** wiem
   - **B** wou
   - **C** wien

8. Hues du eng Iddi, _____ mir dem Claire schenke sollen?
   - **A** wie
   - **B** wat
   - **C** firwat

Trouvez la question indirecte qui correspond aux questions posées.

1. Wéi vill Auer ass et?
   - **A** Kanns du mir soen, wéi vill Auer ass et?
   - **B** Kanns du mir soen, wat vill Auer et ass?
   - **C** Kanns du mir soen, wéi vill Auer et ass?

2. Firwat gees du net mat?
   - **A** Ech froe mech, firwat s du net matgees.
   - **B** Ech froe mech, firwat s du net gees mat.
   - **C** Ech froe mech, firwat du net matgees.

Corrigé page 298

Module 30
LES BASES

Corrigé page 298

3. Wuer fuert dir an d'Vakanz?
   - **A** Hie wëllt wëssen, wou dir fuert an d'Vakanz.
   - **B** Hie wëllt wëssen, wuer dir fuert an d'Vakanz.
   - **C** Hie wëllt wëssen, wuer dir an d'Vakanz fuert.

4. Wiem gehéiert deen Auto?
   - **A** Mech interesséiert, deen Auto wiem gehéiert.
   - **B** Mech interesséiert, wiem deen Auto gehéiert.
   - **C** Mech interesséiert, wiem s gehéiert deen Auto.

5. Wéi hutt Dir geschlof?
   - **A** Si freet, wéi Dir geschlof hutt.
   - **B** Si freet, wéi geschlof dir hutt.
   - **C** Si freet, wéi hutt dir geschlof.

> **Astuce** Dans une subordonnée, un **s** isolé se trouve devant le pronom **du** (et seulement devant ce pronom-là !).

Trouvez la question directe qui correspond aux questions posées.

1. Wësst Dir, wou hei eng Tankstell ass?
   - **A** Wou hei eng Tankstell ass?
   - **B** Wou eng Tankstell hei ass?
   - **C** Wou ass hei eng Tankstell?

2. Ech kann Iech net soen, firwat de Computer net méi geet.
   - **A** Firwat geet de Computer net méi?
   - **B** Firwat de Computer net méi geet?
   - **C** Firwat net méi geet de Computer?

3. Wie ka mir soen, wat mir d'lescht Woch am Cours gemaach hunn?
   - **A** Wat mir hunn d'lescht Woch am Cours gemaach?
   - **B** Wat mir d'lescht Woch hunn am Cours gemaach?
   - **C** Wat hu mir d'lescht Woch am Cours gemaach?

Module 30
LES BASES

4 Weess du schonn, ob s du en Dessert hëls?

   A Ob s du hëls en Dessert?

   B Hëls du ob en Dessert?

   C Hëls du en Dessert?

5 Ech froe mech, wiem säin Handy am Kino geschellt huet.

   A Wiem huet säin Handy am Kino geschellt?

   B Wiem säin Handy huet am Kino geschellt?

   C Wiem säin Handy geschellt am Kino huet?

Astuce 1 Dans la question indirecte, le verbe conjugué se place à la fin, comme dans toutes les subordonnées.
Astuce 2 S'il n'y a pas de pronom interrogatif dans la question directe, on emploie **ob** *(si)* comme conjonction dans la question indirecte.

Focus La subordonnée avec *datt (dass)*

Complétez les phrases suivantes. Plusieurs réponses sont possibles !

1. Ech mengen, _____.

   A kee Bensin hu mir méi

   B mir hu kee Bensin méi

   C datt mir kee Bensin méi hunn

2. Ech fannen, _____.

   A mir hunn eng flott Stad

   B dass mir hunn eng flott Stad

   C datt mir eng flott Stad hunn

3. Mir fannen, _____.

   A datt dat ze wäit geet

   B dat datt ze wäit geet

   C dat geet ze wäit

Module 30
LES BASES

4. De Pierre mengt, _____.
   - **A** ob de Restaurant gutt ass
   - **B** datt de Restaurant gutt ass
   - **C** de Restaurant gutt ass

5. D'Julie weess, _____.
   - **A** datt seng Iddi gutt ass
   - **B** ob seng Iddi ass gutt
   - **C** gutt ass seng Iddi

Focus : Les conjonctions *ob* et *wann*

Corrigé page 298

Complétez les phrases suivantes avec la conjonction qui convient.

1. Ech weess net, _____ ech genuch Zäit hunn.
   - **A** ob
   - **B** wa(nn)

2. Ech gi mat, _____ et geet.
   - **A** ob
   - **B** wa(nn)

3. _____ mir Zäit hunn, komme mir mat.
   - **A** Ob
   - **B** Wa(nn)

4. Dat hänkt dovun of, _____ mir Zäit hunn.
   - **A** ob
   - **B** wa(nn)

5. _____ mir dat maache sollen, wësse mir nach net.
   - **A** Ob
   - **B** Wa(nn)

6. Ech maachen dat nëmmen, _____ ech Suen dofir kréien.
   - **A** ob
   - **B** wa(nn)

7. Ech gi mat, mee nëmme(n) _____ s du och matgees.
   - **A** ob
   - **B** wa(nn)

8. Huet hien dech gefrot, _____ s du matgees?
   - **A** ob
   - **B** wa(nn)

> **Astuce** Si peut se traduire par **ob** ou par **wann**. **Wann** est le *si* conditionnel, et **ob** le *si* interrogatif.

Module 30
LES BASES

Focus Les conjonctions *wann* et *wéi*

Complétez les phrases suivantes avec la conjonction qui convient.

Corrigé page 298

1. _____ ech kleng war, hunn ech an der Stad gewunnt.
   - **A** Wa(nn)
   - **B** Wéi

2. _____ de Paul 20 Joer al war, huet hien de Führerschäin gemaach.
   - **A** Wa(nn)
   - **B** Wéi

3. _____ mir dobausse gespillt hunn, hate mer al Kleeder un.
   - **A** Wa(nn)
   - **B** Wéi

4. Ech war ganz schei, _____ ech jonk war.
   - **A** wa(nn)
   - **B** wéi

5. Du muss e Casque undoen, _____ s du mam Vëlo fiers.
   - **A** wa(nn)
   - **B** wéi

6. _____ de Louis 18 Joer kritt, mécht hien de Führerschäin.
   - **A** Wa(nn)
   - **B** Wéi

7. _____ mir zu Paräis gelieft hunn, hate mir nach keng Kanner.
   - **A** Wa(nn)
   - **B** Wéi

8. Ech freeë mech, _____ meng Frënn op Besuch kommen.
   - **A** wa(nn)
   - **B** wéi

Astuce *Wann* se traduit aussi par *quand* ou *lorsque*. Au passé, on utilise **wéi** pour une action unique ; s'il s'agit d'une action répétitive *(à chaque fois que)*, on utilise **wann**.

Focus Les conjonctions *wann*, *wéi*, *ob*, *wéini* dans tous leurs sens

Complétez les phrases suivantes avec la conjonction qui convient.
Plusieurs réponses sont possibles !

1. Ech froe mech, _____ et mengem Frënd geet.
   - **A** ob
   - **B** wann
   - **C** wéi
   - **D** wéini

Module 30
LES BASES

Corrigé page 298

2. Weess du, _____ hien den Exame gepackt huet.
   - **A** ob
   - **B** wann
   - **C** wéi
   - **D** wéini

3. Ech si frou, _____ d'Examen eriwwer sinn.
   - **A** ob
   - **B** wann
   - **C** wéi
   - **D** wéini

4. Et huet de ganzen Zäit gereent, _____ ech an der Vakanz war.
   - **A** ob
   - **B** wann
   - **C** wéi
   - **D** wéini

5. Kanns du mir erklären, _____ deen Apparat funktionéiert?
   - **A** ob
   - **B** wann
   - **C** wéi
   - **D** wéini

6. Ech muss kucken, _____ den Zuch ukënnt.
   - **A** ob
   - **B** wann
   - **C** wéi
   - **D** wéini

7. _____ ech zeréck sinn, gi mir eng Kéier zesummen iessen.
   - **A** ob
   - **B** wann
   - **C** wéi
   - **D** wéini

8. Ech muss kucken, _____ ech dann Zäit hunn.
   - **A** ob
   - **B** wann
   - **C** wéi
   - **D** wéini

Focus — Les propositions infinitives avec *ouni*, *fir*, *amplaz*

Complétez les phrases suivantes avec le mot qui convient.

1. D'Catherine léiert ganz vill, _____ den Examen ze packen.
   - **A** ouni
   - **B** fir
   - **C** amplaz

2. D'Sportlerin mécht e perfekte Parcours, _____ ee Feeler ze maachen.
   - **A** ouni
   - **B** fir
   - **C** amplaz

3. Mir schécken der Boma Blummen, ____ hir eng Kaart ze schreiwen.
   - **A** ouni
   - **B** fir
   - **C** amplaz

4. De Philip mécht de Sproochentest, ____ Lëtzebuerger ze ginn.
   - **A** ouni
   - **B** fir
   - **C** amplaz

5. D'Kanner kënnen net spillen, ____ sech knaschteg ze maachen.
   - **A** ouni
   - **B** fir
   - **C** amplaz

Module 30
LES BASES

6. Hëllef mir wgl. bei der Aarbecht, _____ um Canapé ze leien.
   - **A** ouni
   - **B** fir
   - **C** amplaz

7. Wéi laang kann een iwwerliewen, _____ ze drénken?
   - **A** ouni
   - **B** fir
   - **C** amplaz

8. Wat muss ee machen, _____ eng Wunneng ze fannen?
   - **A** ouni
   - **B** fir
   - **C** amplaz

Complétez les phrases suivantes.

Corrigé page 298

1. Ech léiere Lëtzebuergesch, _____.
   - **A** fir de Sproochentest ze packen
   - **B** fir ze packen de Sproochentest
   - **C** amplaz de Sproochentest ze packen

2. De Sam litt, _____.
   - **A** ouni ze rout ginn
   - **B** ouni rout ze ginn
   - **C** fir rout ze ginn

3. D'Marie spillt um Computer, _____.
   - **A** amplaz seng Aufgaben ze maachen
   - **B** amplaz ze maachen seng Aufgaben
   - **C** fir ze maache seng Aufgaben

4. Ech ginn op d'Gemeng, _____.
   - **A** ouni unzemelle mech
   - **B** fir mech ze umellen
   - **C** fir mech unzemellen

5. De Carlo schafft aacht Stonnen, _____.
   - **A** fir eng Paus ze maachen
   - **B** ouni eng Paus ze maachen
   - **C** amplaz ze maachen eng Paus

Module 30
LES BASES

> **Astuce** Il existe des subordonnées infinitives avec **ze** qui peuvent être introduites par **fir** *(pour)*, **ouni** *(sans)* ou **amplaz** *(au lieu de)*. L'infinitif précédé de **ze** se trouve à la fin de la proposition.

Focus **Toutes subordonnées confondues**

Parmi les trois débuts de phrase proposés, trouvez celui qui n'est pas correct.

1. _____, soll ee Sport maachen.
   - **A** Fir fit ze bleiwen
   - **B** Amplaz gesond ze sinn
   - **C** Wann ee fit bleiwe wëll

   Corrigé page 298

2. _____, sinn ech dacks schwamme gaangen.
   - **A** Amplaz joggen ze goen
   - **B** Wéi ech kleng war
   - **C** Wann ech kleng war

3. _____, hunn ech eppes Klenges giess.
   - **A** Wann ech Honger hat
   - **B** Fir Honger ze hunn
   - **C** Wéi ech Honger hat

4. _____, musst Dir bei den Direkter goen.
   - **A** Wéi Dir reklaméiere wëllt
   - **B** Wann Dir gär méi verdéngt
   - **C** Fir eng Informatioun ze kréien

5. _____, hunn ech all d'Tester hei gemaach.
   - **A** Ouni eng Paus ze maachen
   - **B** Fir gutt Lëtzebuergesch ze léieren
   - **C** Ob ech gutt wëll ginn

Module 30
VOCABULAIRE

Locutions / Phrases essentielles

dat hänkt dovun of	*ça dépend*
sech knaschteg maachen	*se salir*

Noms

Sproochentest, Sproochentester, m.	*test de langue*
Aufgab, Aufgaben, f.	*devoir*
Feeler, Feeler, m.	*faute, erreur*

Verbes

gehéieren	*appartenir*
léien (hie litt)	*mentir (il ment)*
rout ginn	*rougir*
iwwerliewen	*survivre*
verdéngen	*gagner (de l'argent par le travail)*

Conjonctions

ob	*si*
wann	*si, quand, lorsque*
wéi	*comment, lorsque*
wéini	*quand*
datt/dass	*que*
ouni ... ze ...	*sans + infinitif*
fir ... ze ...	*pour + infinitif*
amplaz ... ze ...	*au lieu de + infinitif*

Module 30
CORRIGÉ

Les bases

PAGES 289 - 291
Les questions indirectes
1 **B** 2 **B** 3 **A** 4 **C** 5 **A** 6 **B** 7 **C** 8 **B**
1 **C** 2 **A** 3 **C** 4 **B** 5 **A**
1 **C** 2 **A** 3 **C** 4 **C** 5 **B**

PAGES 291 - 292
La subordonnée avec **datt (dass)**
1 **B/C** 2 **A/C** 3 **A/C** 4 **B** 5 **A**

PAGE 292
Les conjonctions **ob** et **wann**
1 **A** 2 **B** 3 **B** 4 **A** 5 **A** 6 **B** 7 **B** 8 **A**

PAGE 293
Les conjonctions **wann** et **wéi**
1 **B** 2 **B** 3 **A/B** 4 **B** 5 **A** 6 **A** 7 **B** 8 **A**

PAGES 293 - 294
Les conjonctions **wann**, **wéi**, **ob**, **wéini** dans tous leurs sens
1 **C/D** 2 **A/C/D** 3 **B** 4 **C** 5 **C** 6 **A/D** 7 **B** 8 **A/C/D**

PAGES 294 - 296
Les propositions infinitives avec **ouni**, **fir**, **amplaz**
1 **B** 2 **A** 3 **C** 4 **B** 5 **A** 6 **C** 7 **A** 8 **B**
1 **A** 2 **B** 3 **A** 4 **C** 5 **B**

PAGE 296
Toutes subordonnées confondues
1 **B** 2 **C** 3 **B** 4 **A** 5 **C**

Vous avez obtenu entre 0 et 20 ? Reprenez chaque question en regardant les endroits où vous avez fait des erreurs.

Vous avez obtenu entre 21 et 41 ? C'est très moyen, mais ne vous découragez pas.

Vous avez obtenu entre 42 et 63 ? Formidable ! Analysez les erreurs et, si besoin, révisez la ou les notions que vous ne maîtrisez pas complètement.

Vous avez obtenu 64 et plus ? Dir maacht dat wierklech tipptopp!